商业生态

新环境下的企业生存法则

思二勋◎著

电子工业出版社·
Publishing House of Electronics Industry
北京·BEIJING

内 容 简 介

在"互联网+"、云计算、大数据时代背景下，企业之间的并购、跨界、整合现象频繁出现，企业之间的竞争已经上升到了生态与生态之间的竞争，因此企业懂得如何构建商业生态显得尤为重要。本书从生态学角度将商业与生态学融合起来，由浅入深，从商业基因角度分析了创业、商业模式、企业的转型以及企业的生存；解释了企业之间并购重组、跨界的内在原因，根据不同类型的企业分别阐明了商业生态的构建方法，并对生态型企业的商业模式设计、组织设计、战略布局、人力模式等方面做了详细分析。

未来已来，大企业打造生态，小企业强化商业基因成就生态；共享、共生、共赢的商业生态必将成为下个时代的主流。本书适合战略规划者、营销策划者、人力资源管理者、运营管理者等企业经营管理人士阅读和参考，也适合研究人员和创业者等阅读与借鉴。

图书在版编目（CIP）数据

商业生态：新环境下的企业生存法则 / 思二勋著. —北京：电子工业出版社，2017.4
ISBN 978-7-121-31076-8

Ⅰ. ①商… Ⅱ. ①思… Ⅲ. ①企业管理 Ⅳ. ①F272

中国版本图书馆 CIP 数据核字（2017）第 050289 号

策划编辑：李树林
责任编辑：底　波
印　　刷：三河市华成印务有限公司
装　　订：三河市华成印务有限公司
出版发行：电子工业出版社
　　　　　北京市海淀区万寿路 173 信箱　邮编　100036
开　　本：720×1 000　1/16　印张：16.75　字数：268 千字
版　　次：2017 年 4 月第 1 版
印　　次：2017 年 4 月第 1 次印刷
定　　价：49.00 元

凡所购买电子工业出版社图书有缺损问题，请向购买书店调换。若书店售缺，请与本社发行部联系，联系及邮购电话：(010) 88254888，88258888。
质量投诉请发邮件至 zlts@phei.com.cn，盗版侵权举报请发邮件至 dbqq@phei.com.cn。
本书咨询联系方式：(010) 88254463，lisl@phei.com.cn。

➤ 生态说

互联网是一个生态物种，物种越多越健康，参与的人足够多，才能共荣共存，相互依赖。DT 时代的竞争是生态竞争而非工具竞争。

——阿里巴巴董事局主席　马云

未来 10 年，中国企业将引领全球经济进入互联网生态时代。

——乐视控股集团董事长兼 CEO　贾跃亭

"互联网+"生态，以互联网平台为基础，将利用信息通信技术与各行各业跨界融合，推动各行各业优化、增长、创新、新生。在此过程中，新产品、新业务与新模式会层出不穷、彼此交融，最终呈现一个"连接一切"的新生态。

腾讯渴望生长进化为一个共享共赢、没有边界的生态型组织，连接一切是一种具有普惠价值的商业服务能力；"互联网+"可以赋能于最微小的个体，以新型生产力激发社会创新力。展望未来 5 年，用户、员工、合作伙伴三者的边界将可能被逐步打破，形成一种"你中有我，我中有你"的共生长状态。

——腾讯董事会主席、执行董事　马化腾

未来的商业竞争不再是企业间的竞争，而是生态系统间的竞争。未来几年，所有致力于构建生态体系的品牌和企业将获得整个行业垄断性的资源和商业发展机会。未来传统企业、初创公司等没有融入到生态或者没有构建生态体系的大多数中小型公司，将会受到互联网公司巨无霸生态体系以及快速增长的移动互联网公司生态夹击，是观望、融入还是对抗，对处于产业链上的每一家传统企业而言，都到了决断的时候，或许涉及生死存亡。

———中国策划协会移动互联网专委会会长　喻晓马

互联网生态经济助力"中国制造"升级为"中国创造"，助力中国文化走出去，是中国企业全球化的有效途径。

———全国政协委员全国政协外事委员会副主任　韩方明

我们要以开放的心态和更多的合作伙伴紧密协作，打造更完善的生态链体系，给小米的用户带来更完善、有趣、便捷的智能生态生活体验，我们相信生态链将成为小米继续高速前进的最重要的竞争力。

———小米科技董事长兼首席执行官　雷军

互联网生态提升了实体经济的活力，形成了经济发展新形态，正在与现代制造业、生产性服务业迅速融合。互联网生态也有着源源不断的变革动能，持续为用户创造全新价值。

———互联网生态研究院院长，乐视联合创始人、副董事长　刘弘

　　从工业时代到现在经历了技术创新、模式创新和生态创新。模式创新通过改变商业规则，提升用户体验，催生了互联网。生态创新的全新理念，仅靠技术、模式是无法驱动未来全球商业变革的。互联网生态的精髓就是打破边界。这种打破涵盖了产业边界、组织边界和创新边界。

　　　　　　　　　　　　——乐视控股战略副总裁　阿木

　　场景造物需要仪式感、参与感、温度感、流行感。今天我们在寻求更有温度感的连接，如果产品不能形成广泛参与，不能形成极致单品将是致命的。互联网生态的创新使产品成为了场景的解决方案。分享就是获取，所有的创新都是边缘性、颠覆性的。

　　　　　　　　——场景实验室创始人、中国电商委秘书长　吴声

　　互联网生态极大释放了商业价值，打破了过去几十年的传统制造的边界，作为全新的系统，互联网生态能够让人类摆脱对互联网的依赖。如果非要给互联网生态一个定义，就是在互联网基础上衍生出的全新系统，一个创新多赢的系统。

　　　　　　　　　　　　　——知名经济学家　宋清辉

　　互联网让更多人有机会享受到定制服务，用户也有强烈的定制需求。更多的企业将为用户提供服务，互联网生态持续存在的动力是消费者的需求。互联网生态就像一个有机体，各方面协同。乐视就像一个互联网生态 DNA 图谱的勾画者，敢于创新，敢于颠覆，为互联网生态传递价值。

　　　　　　　　　　　　——贝恩公司全球合伙人　康雁

今年，"互联网＋"被写入政府工作报告，作为国家层面的经济社会发展战略，这已经定义了互联网在经济发展中的作用和价值。互联网生态所涵盖的内容比最初的"互联网＋"要更加丰富，对于传统产业的转型升级会更有实际意义。

————国务院发展研究中心产业经济研究部副部长　石耀东

赞　　荐

《商业生态：新环境下的企业生存法则》这本书的定位和视角都非常棒，在互联网时代，最需要也是最有可能存活和健康发展的模式就是生态。只有生态才能最大效能地发挥群体智慧和资源协同，形成以"消费者"为核心的共享经济。

人类发展史就是与生态平行交互、动态平衡发展的历史。人类为了吃饱穿暖，开创了农业文明，人类在丰富自然生态的同时，无形中增加了人类的劳动负荷；为了减少劳动负荷，人类开创了工业文明，人类贪婪地向大自然索取的同时，造成了严重的污染，破坏了健康的生态；互联网时代，信息技术、通信技术、网络技术、大数据技术的发展，让人与人之间可以更便捷、更公平地交互、交换价值，人类可以与大自然更友好、更融洽地和谐相处，共享共生。互联网文明回归了生态文明，作为生态文明一部分的商业必须顺应这一潮流，也只有顺应这一潮流才可能健康发展。

——红领集团副总裁　李金柱

这是一个变革满地的时代，特别是商业的变化，就像在经受一场暴风骤雨般的革命，互联网那头如火如荼，传统实体这头血雨腥风，但无论怎样的变化，全球的商业都在趋于一个属性：生命迹象愈发明显，即商业生态逐渐兴起。在我的认知里，商业=商（价值交换）+业（交换边界）。因此，商业本身就是一个天然的生态行为，只是在过往的日子里，我们过度重视"商"的延伸，却忘记了"业"的丰富，即生态塑造。生态商业的崛起是一个不可逆的商业趋势，因此，思二勋兄的《商业生态：新环境下的企业生存法则》能在这个节点及时出现，无论对于传统企业，还是对于互联网企业而言，都是一件先知先觉的大事，特别是其中关于商业生态构建的方法论，非常实战，诸多鲜活的案例，对企业生态化改造，也具有非常大的借鉴意义。因此，这是一本非常值得细读和对标参照的读本，特推荐之！

———知名自媒体人　陈菜根

未来的互联网世界，无论是互联网基因的企业，还是传统企业和产业，都将是一个以生态方式存在的体系；此书前瞻性地研究了生态的理论体系、实战构建、案例剖析和远景随想，探索之深刻、实践之落地，值得一读。

———商业畅销书作家　王吉斌

马克思曾冷静地指出："在其现实性上，人是一切社会关系的总和。"毛泽东更热情地讴歌："万类霜天竞自由。""关系"与"自由"，奴役与解放，这对矛盾既伴随了个体的一生，又贯穿了人类的历史。几千年来，生产与交换催生了商业与企业。如今，在资本与技术的主导之下，商业与企业又进入了"互联网+"的新阶段。这种商业生态指向何方？到底是导向"自由人联合体"的人间正道，还是引入"城头变幻大王旗"的魍魉世界？愿与诸君共同努力，建设真正的共享经济。

———中国社会科学院马克思主义理论博士、北清读书会
总发起人　谭国清

前　言

　　生态学是一个学科名词，是德国博物学家 E.Haeckl 于 1866 年在其所著《普通生物形态学》（*Generelle Morphologie der Organismen*）一书中提出的，他对生态学的理解是："研究生物在其生活过程中与环境的关系。"地球上的生物与环境有着密切的联系，人们在长期的生产生活实践中，早已注意到这种关系，并因人类天生具有模仿别人的特性，于是自觉不自觉地运用这种规律来指导自己的行动，并逐步将其提升到整体与系统的高度！

　　在科学大力发展和社会生产力大幅度提高，以及社会需求多样的环境下，当前生态表现出一系列新的特点，突出表现在：生态学研究内容的重新定位和研究对象的不断拓展，各领域之间的不断融合。

　　《道德经》言："一生二，二生三，三生万物。"各个事物发展都有一定的关联性，其规律也有相似性，以规律探发展，发展的速度则会稳步加快！从研究结构发展到研究功能和过程，从局部孤立的研究向整体的网络性研究发展，研究方法的现代化、科技化、定量化和信息化极大加快了人类对社会现象的认知。

　　人类的商业活动已经持续了几千年，商业形态不断进化。深入探究商业的演化规律和生态学有很大的相似之处。长期以来，人与自然的关系一直处于不和谐状态，人类早期因为过于弱小而不得不对大自然迷茫，近代科学技术和工业的迅速发展使人类对自然的认识逐步加深，人类从对自然的认知中受益更多。马克思曾说："自然是人的无机身体，人是自然的有机构成。"人类的发展实践表明：人类要想和自然共生就必须与自然和谐共处。

人类文明的升级需要从自然中来并最终受益于人类,在商业的发展过程中,人类也可以从大自然中获取对应的经验。人类对自然的认知,推动着商业文明的发展,生态学中的生物与环境的关系、动植物之间的关系、种群的规律、群落的规律或是生态系统的研究,运用到当今的商业环境,必将对商业的发展与经济的增长产生极大的影响!

在中国,互联网已到来20多年,对各行各业都产生了一定的冲击,商业形态也发生了巨大的变化,那些互联网对各个产业的颠覆和跨界打劫的故事太多太多,着实耐人寻味。

移动互联网、大数据、云计算、物联网及3D打印等技术的不断发展,推动了实体经济和虚拟经济的结合。技术的日新月异,商业模式、管理模式、营销、产品等方面的改变让我们不知所措。传统企业转型、经济不景气、资本寒冬……一系列问题压得企业喘不过气来,根本原因是我们对商业环境的触知能力和适应能力及改变能力太弱,或者说是未找到适合自己的生存方式,没有在新的商业环境下及时改变,去融入自己的业务。

在2015年"商业生态"一词频繁呈现,平台企业大量涌现,"共生"、"共赢"、"共享"等词也频繁出现。BAT、小米、乐视、京东等大型企业也频繁收购、投资,关于商业生态的论坛也多次举行……商业环境变了,商业生态逐渐显现。

在2016年的两会期间,我国首次将"新经济"写入政府工作报告,并强调"要培育壮大新动能,大力发展新经济"。新环境下的企业的业态形式、业务模式、组织管理等经营方式都发生了极大的变化;那么新环境下的企业该如何发展呢?

因此,本书将着重分析当今商业环境下,企业的生存发展之道及未来商业生态的布局之法,商业与生态学的融合与研究既是历史的选择也是现实环境的选择,现在讲商业生态是恰逢其时!

　　本书的受众群体是创业者、企业领导者及学者，尤其是那些正在进行或准备进行商业生态构建的企业。本书的第 1 章及第 3 章的商业基因说尤其适合创业者细读，里面涉及了企业做大做强的关键要素，该内容也可为小企业做强后能够很好地融入生态或企业尝试构建生态做准备。如果读者恰好处于转型中，则可着重阅读第 3 章中的商业基因之转型的内容，该内容以全新的角度说明企业转型的方法，或许会给你带来全新的灵感。本书的重点内容是第 4 章到第 6 章，由浅入深地对商业生态的形成过程做了阐述，对不同企业商业生态构建方法、商业生态下企业的商业模式设计、人力资源模式、产品运营等做了深入的思考和总结。

思二勋

| 目 录 | Contents

第1章 ———

商业思考

近几年，尤其是互联网在国内兴起后，商业模式层出不穷，商业之争越来越激烈，互联网的到来确实促进了我国经济的发展，引起了"大众创业，万众创新"的浪潮。但好像是一夜之间，以往很牛的公司突然破产的事情时有发生，有人忧愁有人欢喜，在一些企业管理者们愁眉不展时，另一些企业的发展速度却快得惊人，好像有股神奇的力量在推动它们，我们先看看 2014 年我国上市公司的部分名录。

2014 年 5 月 6 日，聚美优品成功在美国纽交所上市，估值 32 亿美元。

2014 年 5 月 22 日，京东正式登陆美国纳斯达克，市值高达 297 亿美元。

2014 年 9 月 19 日，阿里巴巴集团正式在美国纽交所敲钟上市，至 20 日凌晨市值达到 2383.32 亿美元。

2014 年 12 月 12 日，移动社交公司陌陌在纳斯达克上市，市值为 26.57 亿美元。

2014 年 4 月 17 日，新浪微博正式在美国纳斯达克上市，估值 4.81 亿美元。

2014 年 6 月 12 日，智联招聘在美国纽交所上市，市值为 6.74 亿美元。

2015 年的新锐公司也有很多（见附录）。

2015 年资本机构在中国达到空前高的数目，资本账户开放度越来越大，中国市场备受国际金融机构的关注，同时，2015 年的股市也动荡不安，企业死亡数目也大大增多。为什么在竞争越来越激烈，生意越来越难做的时代，这些企业能够创造如此惊人的成绩呢？为什么大量工厂关闭，企业倒闭，资本数量却突然增多？

"大众创业，万众创新"。2015 年，中国大陆也掀起了新一轮的创业浪潮，创业公司遍地开花，几乎涵盖了人们的衣食住行等各个方面。O2O 创业依然最火，O2O 等行业的烧钱大战异常激烈，BAT 企业"疯狂"地收购与投资；回顾 2015 年，商业环境动荡不安，行业迎来重新洗牌。互联网教育研究院院长吕森林认为：行业的马太效应会更加明显，强者愈强弱者愈弱的态势也会越来越多。中国经济进入换挡期结构调整阵痛期，中国经济全面进入新常态，实体经济互联网化转型升级及打造中国经济的升级版，凭借之前的商业知识和商业模式是很难实现转型的，新思维模式、新技术、新基础设施、新理念的诞生和应用就需要对商业进行重新认识（相关互联网创业公司及死亡公司数据见附录）。

重新对商业的思考刻不容缓！

商业之源

自从古时候第一个以粮食交换为交易的活动开始就代表了供需为本的价值交换是商业成立的基础，当劳动者用一个地区多余的粮食去换回提供粮食的农民所需要的其他产品时，商业便以商品交换为源。

从人类这个非常物种开始，人类通过进化成可以生存的有利条件而存活，即通过开发味觉、听觉、嗅觉、触觉和视觉能够感受到的事物而进化。

进化使人类获得了能力，能够操控五官的感知和行为。例如，你看到了一个精美的艺术品就想去购买收藏或者是送给亲人。在不断的进化过程中，人类的感知能力越来越强，自身的需求也越来越高。因为个人认知力的提高和需求的提高，使人类不满足于现状，而设法进行价值交换或提升个人能力以满足个人的需求。

思维的导向驱动行为的方式，于是思维驱动下的行为各异；个性化的生活产生了个性化的目标与需求，所以商业形态多式多样。心灵意识在个性化的驱动下得以产生，心灵意识是永恒的，许多个体在心灵意识指导下的行为而满足意识动态。

直觉的好奇与直觉的行为是人类进化的原因。在这种能力下的商业发展，因为一点心灵的渴望及感官的驱动使人类有能力解决每天的挑战，从而在这种条件下取代了原先视为合理的原则，不断解决与不断渴望使其能力得以提高，商业就是在这种人性自然的背景下发展而来的。

商业起源于交换，交换是因为需求与互惠。最初因为劳动力的富裕和个人单方面的劳动能力不能满足所需，于是基于所需就出现了物质的交换。

在交换的过程中出现中间人从一方购买多余的粮食，再到另一个地方以高出收购的价格售卖，此时就出现了商业的萌芽。

因此，商业的基础是人类购买的欲望，欲望的表现形式是个人的行为方式和购买需求。

商业的进化是人类欲望的驱使，即人性本能的虚荣与贪嗔驱动商业的繁荣。

因此，企业的经营需从研究目标群体的需求与欲望开始，即以用户为中心重新对企业原有的组织模式、商业模式及文化体系进行思考：企业的经营是否还以"企业"为中心？是否限制了用户的表达和反馈？文化体系是否能带给用户深层次的温暖？组织模式是否自由高效？商业模式是否生态化？等等。

商业之商

商：商量、商场、商品、商标、商机……一"商"之词，尽解商业的关键要素！商机为首，首先你要有从商的机会，如果你所选的市场已经饱和，无法进入进行经营活动，还谈什么商业？

因此从商者首先要有发现商机的能力，有独特的觉察力，眼力要巧，可以发现某一群体的核心需求或隐性的核心需求。2015 年是大众创业的元年，涌现了数以万计的创业者，但创业成功率不足 2%，其中很大的原因便是对需求的把握不准，没有找到真正的痛点，误将痒点和卖点当成创业的原因。因此，在创业的第一步便需要花大量的时间进行调研、访谈，确定需求是不是强需等！

很多创业者不能找准需求主要有以下原因。

客户说不清需求

大多数人对需求只有朦胧的感觉，说不清具体的需求，或对需求的把握不准；同时，分析人员因为个人的意识逻辑与经验逻辑所致对需求进行分析时也会产生误解。

需求的易变性

根据以往的经验，随着客户对信息化建设和新产品、新技术的诞生及应用，自身业务水平的提高，他们会在不同的阶段和时期对项目提出新的需求，或者因为外界因素的影响，包括政治、气候、时间、地点等，需求容易发生变动，所以在进行需求分析时，就可能分不清哪些是稳定的需求，哪些是易变的需求。

不易理解性

由于个人意识逻辑和经验逻辑的原因，导致理解出现偏差，那么如何有效地进行需求分析呢？主要分为 3 个阶段！

第 1 阶段 调查和思考

这个阶段是和具体目标用户进行调查分析及思考完善，主要目的是从宏观上把握用户的具体需求方向和趋势，可将已感知的需求列出并进行问卷调查，收集大量的数据信息，了解现有的组织架构和业务流程。思考组织模式是否繁冗，是否限制了员工的积极性和创造性；思考你的项目是否释放了消费者内心的欲望；思考项目是否容易落地；等等。

第 2 阶段　数据分析和诱导

在第 1 阶段的基础上进行数据分析，核对已提出需求的合理性及挖掘潜在需求，做出简单的用户流程页面，同时结合以往经验对用户采取诱导式或启发式的调研方法和手段，和用户一起讨论业务流程设计的合理性、准确性、便易性和习惯性，用户也可以感受你的原型并提出改进的意见和方法。

第 3 阶段　确认

在以上两个阶段的基础上进行具体的流程细分确认，在这个阶段必须提供原型系统和明确业务流程报告，并能清晰地向用户描述，以及对接受报告文档进行确认。

整体来讲，从需求的发现到需求的确认，要准确无误，不厌其烦地反复进行，它是实现商业路径的基础。现在商机把握好了，接下来进行商品的开发或生产，在这个阶段，需要以技术为依托。在当今商品（产品）繁盛、物欲横飞的环境下，消费者越来越不满足于产品本身，在产品中融入科技、人文和更多的娱乐性的元素，方可以夺得消费者的芳心。好产品会说话，会自我彰显魅力，给用户一种一见钟情之感。

把需求转换为对应的功能和操作流程也是非常重要的环节，这是产品的骨和血肉，产品长什么样子，取决于设计。设计分为"概念设计"和"细节设计"两个阶段，在设计中紧紧围绕交互设计和视觉设计两条主线，重视"场景点"、"消费点"、"焦点"、"连接点"、"价值点"、"内容点"，做出符合概念交互视觉感和细节交互视觉感的产品，给人以独特的审美体验，让用户瞬间对产品爱得"不要不要的"！

在产品的生产过程中，大规模生产可极大降低产品的生产成本，提高生产效率。从商品到商场，包括虚拟商场和实体商场的供应链的运营和管理在互联网时代也发生了巨大的变化，一个公司的供应链的搭建首先要符合公司的整体发展战略，发展战略的确定决定于你所在的细分市场，通过对细分市场的逆向和正向分析，把握整体的发展趋势。

那么在供应链的管理模式中有些什么类型呢？笔者主要说明生态化的供应链管理，有以下 4 个方面。

（1）精益供应链。

（2）敏捷供应链。

（3）柔性供应链。

（4）自组织供应链。

精益供应链：一般来说具有普遍性和大众化，是以成本为导向的市场，因此其主要目标是成本最低化，整个运营链端是一级一级的，从中心库扩展到周边库，以最优的时间点和空间点精益地完成整个供应过程。

敏捷供应链：未来可能更多向敏捷供应链和柔性供应链转移！敏捷供应链首先要快，对市场的敏感性要强。要在不确定的市场环境下持续更新并推出新的产品，快速满足客户的需求。通过对资金流、物流、信息流的控制，将供应商、制造商、分销商、零售商及消费者整合到一个统一的、无缝化程度较高的功能网络链条，以形成一个极具竞争力的战略联盟。

柔性供应链：简单的理解是在产品的生产过程中转变容易，调整容易；具体来讲是需要做到制造柔性、物流柔性、信息柔性、供应柔性、组织柔性、研发柔性等。

自组织供应链是最生态的供应链，它依托于"互联网+"。"互联网+"对于今天的实体店来看，仅仅是做个网店或者做个网购，而真正的"互联网+"是实体店在供应链的基础上创造新的价值和增量，如果不能获得一个增量经济就不能称为"互联网+"。这个"+"加的是效率，是体验，是流量，是机会，是连接，是一切有利于企业转型升级的关键要素；而这个增量一方面是要有高附加值的产品，另一方面是进入现代服务业，并且还要获得成本的金融资本，以达到更好的"+"的效应。自组织供应链是对盈余与需求的完美链接，将你的盈余利用起来自行交织组合，既解决了供应需求的问题，也节约了时间成本，增加了社交机会。

毋庸置疑，自组织供应链将是最好的供应链模式。

 案例：韩都衣舍供应链模式

韩都衣舍专注为都市年轻的时尚人群提供最时尚、最流行的服饰，是中国"互联网快时尚"第一品牌，其独创"单品全程运营体系"和"柔性化的供应链模式"使其近年来一直处于天猫、京东等平台女装销量第一的地位。

利用阿米巴运营组织模式

从韩都衣舍创立伊始，就创造性地打造出了类似于"阿米巴模式"的以产品小组为核心的单品全程运营体系（IOSSP）。对于产品小组，韩都衣舍提供资金、企划、摄影、生产、营销、客服、物流等标准活动资源；在产品选款、订单管理、页面制作、打折促销等涉及生产、销售的非标准性活动中采用高度自治、量化分权、独立核算，各个小组之间有竞争和优胜劣汰，是一种生态型的组织激励模式。

柔性供应链

具体表现如下。

（1）多款式、小批量、多批次。

（2）快速反应、敏捷灵活。

韩都衣舍在发展初期（即2012—2013年），其业务范围比较小，经营的品牌只有7个，在这种情况下，供应链就是一个最大的问题。当时韩都衣舍不断地探索实验，试图以单品的精确管理为切入点，并以小组制的形式经营，成立企划中心，并用大数据来倒逼采购、生产、销售、质量、库存等具体环节，来实现单款的生命周期管理，并通过一系列的创新措施来实现能够锁定市场变化的柔性供应链管理系统。

具体措施如下。

（1）设立小组制，采用单品全程运营一体化策略。

在韩都衣舍的全程运营体系中，从产品的设计、生产到销售都以"产品小组"为核心，建立小微团队来操控一个单品的全局运营，一些标准化环节（如企划、摄影、生产、营销、客服、物流）都转移至线上实行数据化、精细化的运营管理。服装设计和生产的很大一个特色就是多款式、少批量，韩都衣舍充分借助互联网工具，发挥互联网优势，建立"款式多、更新快、性价比高"的核心竞争优势，并且还有效地解决了服装行业的供应链库存问题。

在服装多元化、设计多样化、需求多元化的情况下，围绕"产品运营"这个核心，各个产品小组根据服装属性独立运营、独立核算，连商标注册也是由产品小组完成的，小组长根据成员的销售业绩或工作状况给各个成员发工资，并且在企业的整体规划下独立开展业务，每个小组通常由 2～3 名成员组成，岗位角色包括设计师、商品制作、订单管理，即小组负责产品的设计选款、页面制作、打折促销等非标准化环节。逐步走向标准化的环节数据化、流程化，非标准化环节由人力来解决，既提高了整体的运营效率，也使人力得到了最优化的利用。

（2）建立科学的供应商分级动态管理系统，采用分级动态管理策略。

服装行业的服务效率在很大程度上取决于服装各级供应商的供应链品质管理，为此韩都衣舍建立了科学的供应商分级动态管理系统，具体包括五大机制：供应商准入机制、供应商绩效评估和激励机制、供应商分级认证机制、供应商升级调整机制和供应商等级内订单调整机制。韩都衣舍从供应商的遴选、分级、合作模式、绩效测评、订单激励和推出等方面进行严格的动态管理。

在供应商准入方面，由供应商管理小组、相关业务部门、品控管理小组到生产供应商进行实地访厂和现场打分（三者权重分别为 20%、30%、50%），重点评估厂家的信用等级、生产能力、运营状况及品质管理等。通过审查的部分厂家在进一步的试单通过后即可成为韩都衣舍的正式供应商。

在合作模式方面，为了确保订单配置的灵活性，一般采取半包模式，即占工厂总体 50%～60%的产线比例。对于优秀生产供应商的扩充产能和生产线，韩都衣舍会采取追包策略，确保产线比例。

在供应商绩效测评和激励方面，韩都衣舍根据季度测评结果将供应商动态划分为 5A 级战略供应商、4A 级核心供应商、3A 级优秀供应商、2A 级合作供应商、A 级新供应商，并采取不同的订单激励政策。季度测评下降一到二级，下一季度订单会在基准值基础上缩减 15%～20%；反之，订单增加。

在退出机制方面，供应商如果连续两个季度测评等级下降或者产品品质连续两次降至雷区以下，将给予暂停合作，缩减 50%订单甚至停止合作的惩罚。

（3）改造供应链结构，采用少量、多批、多款的 JIT 生产策略。

"多款、少量、快速"是服装电商品牌的需求，为了实现这种少量、多批、多款的 JIT 生产策略，韩都衣舍对传统的供应链结构进行扁平化的改造，建立了产品小组与相关生产部门和供应商的直接对应关系，使产品小组与相关供应商之间的沟通不受限制，达到省时、高效的目的。

韩都衣舍目前成立的 300 个产品小组都可以直接对接针织部和梭织部，为此韩都衣舍确立了"优质资源产原地、类目专攻"的供应链布局战略，从服装的二级类目入手，在全国范围内找优质产地，并通过"生产代理商"合作模式，每个产地选 1～2 个合作商，由韩都衣舍负责输出产品的生产标准，再由代理商整合当地资源，形成供应体系。

（4）加大仓储物流建设，采用闪电发货物流策略。

韩都衣舍为了给客户良好的体验，提出了"闪电发货"的物流运营策略，虽然承诺是客户支付成功后第一时间（48 小时内）将包裹发出，但实际上顾客当天下单当天配货的发货率高达 95% 以上。

为了支撑这样的快速响应效率，保证顾客快捷、完好无损地收到货物，以及对各地供应商将产成品送达山东总部仓库进行统一管理，韩都衣舍一直在致力于仓储物流体系建设：2010 年年底，韩都衣舍扩大仓库，搬迁到了 5000 平方米的新仓库；2011 年租赁库房 1.5 万平方米，2012 年升级仓储系统，仓库面积扩大到 4.5 万平方米；目前在山东齐河租赁了近 6 万平方米的仓库，峰值能发 20 万单的货物。在 2013 年天猫双 11 购物狂欢节中，韩都衣舍创造了 3 天之内顺利发送 150 万个包裹的业内奇迹。

（5）加大数据采集，采用产品全生命周期信息化策略。

在信息化时代，利用大数据、云计算等基础设施，可实现产品的数据化运营。为了实现"以产品小组为核心的单品全程运营体系"和"柔性供应链精益化运营"，韩都衣舍采取了面向产品全生命周期的信息化策略，其信息系统不仅细化到每一款商品精准的运营数据，而且聚焦到产品从设计、修改、打样、下单、采购、生产、质量、仓储、物流到交付等全生命周期管理。

2013 年，韩都衣舍进一步深入推进信息化建设，组建了超过 100 人的技术研发团队。在升级现有 OMS 系统、WMS 系统、PMS 系统、SCM 系统和 BI 系统的基础上，逐步建立起覆盖整个产品生命周期的"业务运营支撑系统（BOSS）"，打造更加快捷高效的运营管理系统平台，为每一个产品小组能够成为真正的"自主经营体"及柔性供应链的进一步精益化运行提供精确、高效的全方位数据化支持。

管理体系的升级和互联网工具的充分应用，适时调整商业模式和组织模式——韩都衣舍的"柔性供应链管理+自组织管理"模式使效率大大提升，成本得以节约，这种小组制的组织经营模式是最佳应对服装行业的多款少量的业务需求模式。"小组织、大前端"、扁平化的管理是灵活而又敏捷的，很容易应对多变的市场环境，是真正的生态型企业。

关于商人和商榷，这里的商人我们称之为团队，团队是项目成功与否的最为关键的因素，项目创始人在找人方面必须花费大量精力，人对了事儿就对了，关于找什么样的人，需根据具体的项目来看，整体遵循阴阳之道便可！商榷是各个企业之间和业务部门之间合作的前提，是项目顺利进行的保障，笔者提倡沟通协作的团队文化，团队成员之间的不和谐是由于沟通过少，扁平式的管理模式可以促进团队成员之间的交流。

关于商场，近几年实体商场大规模减少，互联网上的虚拟商场异常火爆，典型代表有淘宝、天猫、京东、唯品会等线上虚拟商场。因为互联网的普及及人们在网上停留时间的大规模增加，使企业不得不将战场转至网络，所以近年来企业转型频繁出现。企业在互联网的市场环境中需要充分利用互联网的基础设施和互联网的思维，了解趋势进行转型。

同时，企业在经营过程中还需特别重视商标的注册，保护专利。近两年来创业公司大幅度增加，团队对于商标的注册需及时，提高知识产权保护的敏感性。商标是企业所提供产品的标识和形象，也是企业产品质量和信誉的集中体现，一个商标知名度高、美誉度好，其产品的销量一定也高。

（案例资料来源：物流产品网 文：解码韩都衣舍的柔性供应链）

商业之业

商业之业，业为产业、业务、业态。

商业之业，此业得敬！

商业，有业才能商！也就是说，你的公司必须有一个或多个业务！业务形态称为业态，业务的正常进行需要设计一个可持续的业务流程，不断变化的外部条件（竞争、客户行为、新技术等）需要企业不断调整评估内部资源及企业间的业务流程，更重要的是不断加以改进，以提高企业的核心竞争力。从企业的内部来看，要想提高企业的经济效应就需要根据市场环境及时调整企业的业务流程，使之跟得上时代的发展！在保证高质量、高标准的情况下，要求企业正确面对业务流程，因为业务流程是创造利润、增加收入、降低成本的最终驱动因素，只有建立有助于快速灵活应对业务流程及客户和市场需求的企业结构，企业才能满足内部和外部的需求。业务流程软件化或硬件化是今后的一大趋势，提高效率和降低成本是设定业务流程的两大标准。

业务流程上升到一个层次，就是业务系统。业务系统是交易结构的框架，主要包括业务点、业务关系和角色。业务点是指你有哪些利益相关方，利益相关方和你以何种网络结构连接在一起！业务关系是指两个利益相关方之间的利益结构！角色是指利益相关方在你的业务流程中是干什么的！这种设计更广泛，需要你有一定的资源整合能力及很好的利益分配模式。

当你有多个业务并且该业务做到一定规模时就出现了产业！产业是历史范畴，是多个相关业务的有机整合，是伴随着生产力和社会分工深化而产生不断扩展的结果。从社会分工来说是一般分工和特殊分工的现象，特殊分工是在一般分工基础上发生的。

习近平总书记在 2014 年的 APEC 峰会上也指出，经济结构不断优化升级是我国经济呈现新常态的重要特点之一。改革开放以来，我国经济高速发展，近年来随着我国经济发展阶段的转换，经济结构优化开始呈现出明显的特征性事实。一是服务业增加值占比超过第二产业；在消费升级的大环境下，服务业大量淘汰，新型服务模式大量兴起，服务业在"互联网+"的浪潮下，在充分利用互联网技术和智能化生产工具的情况下，可迅速扩大受众群体，吸引大量消费者；美团网、大众点评网、饿了么等服务企业就是在这样的情况下快速发展起来的。二是高新技术产业和装备制造业增速高于工业平均增速。三是消费对经济增长的贡献率超过投资。那么我国的产业结构呈什么态势呢？

"由中国制造转向中国创造"

改革开放以来,我国经济的发展呈现出三大产业规律:大力发展重化工业,并且结合劳动力优势发展劳动密集型产业,加快推进工业化进程,形成比较完善的产业体系,成为一个重工业大国和制造大国。但随着互联网在国内的兴起与发展、工业化阶段的转换和国内产业发展的演进,传统的成本优势在弱化,轻工业产业大力发展,在中国经济新常态背景下把握全球新一轮技术与产业革命的机遇,不断优化产业结构,进行资源的优化配置,加快产业转型升级。 互联网的成熟加快了我国由中国制造转向中国创造的进程,3D 打印、物联网、大数据、云计算等技术在我国日益成熟,该新兴技术与传统产业进行融合,可重构生产与组织之间的关系,提升创新能力与协作效率,优化企业经营的资源、成本、质量、周期等方面的业务,利用互联网基础设施与互联网技术满足用户个性化定制的需求。

金融危机以来,随着我国产业结构的优化与调整,重工业比例逐渐下降,轻工业比例上升,铁、煤炭等产业下降比例加快。从 2012 年开始,我国加快治理钢铁、水泥、玻璃、电解铝等传统行业,化解过剩产能。同时,新兴产业发展速度很快,根据国家战略新兴产业规划,到 2020 年,节能环保、信息技术、新能源、新材料等成为先导产业,部分产业和关键技术跻身国际先进水平。未来以信息化、智能化、绿色化和服务化为主要发展方向的现代产业将成为我国重要的产业导向。

可持续发展、轻工业发展和重视生态环境已经成为我国经济发展的主流,这些正引领和改变着人们的生产生活方式,以绿色发展、循环发展、低碳发展为基本路径,并融入经济社会发展的各个方面,实现多方面的内在统一、相互促进和协调共进,构建与权力相匹配的责任担当和问责制度,落实政府的保护生态环境责任。应统筹考虑各个生态因素,增强生态系统循环能力,维持生态平衡,共建生态文明。为了共建生态文明,我国的经济发展也应生态化,生态化的经济就需要企业的经营充分利用生态学原理,加快转变传统经济形态,利用商业生态重构企业组织、生产、经营等方面的内容。生态型企业的业务呈现"多"、"柔"、"和"的状态:"多"是指企业的业务不仅一个,多业务的经营模式是生态型企业的一大特点;"柔"是指企业的组织管理柔性化,易于转变,易于协调;"和"是指各个业务间的关联度应比以往更加紧密,多业务之间协调发展,共促产业的发展。

业务变多,多业务之间有机结合而成生态。

以往的业态单调而易变,生命力较低;生态下的业务更注重高效率、低成本、基因。因此,价值生态化是商业生态的一大标准。

以上综合阐明了我国的产业形态,至于如何打造超强的产业或者如何进行产业布局在后面会详细说明。

商业之业,此业得敬!这是一个态度,业态文明,态度要好!敬业奉献,提供价值且高于价值本身是商业得以持续与繁盛之精髓!

商业之殇

美好的商,如此殇!

商之始为交易,交易的形成是因为需求,需求得到满足自我就得到满足。人类就是在不断满足与被满足的情况下生活着。于是,生活提高了,小康水平达到了,日子越过越好了!然后呢,在人类为了得以满足自我需求的过程中还出现了"不堪入目"的现象。

2014 年 12 月,中国近半个国土不同程度出现了雾霾天气,华尔街见闻 3 月份文章展示(见下图),足以显示中国城市的空气污染形势。

日均空气污染程度

世界卫生组织（WHO）颁布的空气质量准则认为，如长期暴露在超过空气质量准则值PM2.5——即每立方米微粒物超过10微克的空气中，人类总死亡率、心肺疾病死亡率和肺癌的死亡率都会增加。

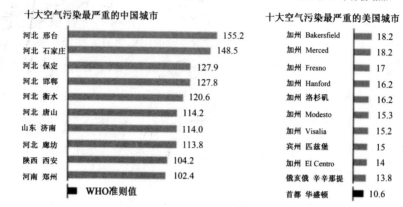

十大空气污染最严重的中国城市

河北 邢台	155.2
河北 石家庄	148.5
河北 保定	127.9
河北 邯郸	127.8
河北 衡水	120.6
河北 唐山	114.2
山东 济南	114.0
河北 廊坊	113.8
陕西 西安	104.2
河南 郑州	102.4

十大空气污染最严重的美国城市

加州 Bakersfield	18.2
加州 Merced	18.2
加州 Fresno	17
加州 Hanford	16.2
加州 洛杉矶	16.2
加州 Modesto	15.3
加州 Visalia	15.2
宾州 匹兹堡	15
加州 EI Centro	14
俄亥俄 辛辛那提	13.8
首都 华盛顿	10.6

■ WHO准则值

数据来源：中国环境保护部、美国肺脏协会（American Lung Association）、WHO

原图由《华盛顿时报》于2014年2月2日17点46分发布 中文注解：华尔街见闻

李克强总理在 2015 年和 2016 年都强调了要加强雾霾治理，保护好生态环境！但雾霾、PM2.5 只是近两年才成为热词。

2015 年 6 月 9 日，中国环境保护部发布的《2013 中国环境状况公报》（以下简称报告）可以帮助我们了解中国环境污染现状。该报告显示 2013 年在 4778 个中国地下水环境质量监测点之中，水质较差和极差的比例合计 59.6%，水质优良的比例为 10.4%，中国目前近 60%的地下水质极差或较差。

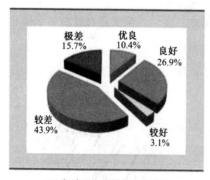

2013年地下水监测点水质状况

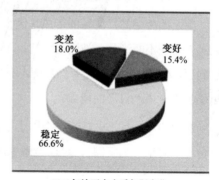

2013年地下水水质年际变化

全国酸雨分布区域集中在长江沿线及中下游以南，以及长三角、珠三角和四川东南部地区。酸雨区域占国土面积的 10.6%。

在中国近岸海域，劣四类海水点位比例为 18.6%，持平 2012 年，三四类海水点位比例由 2012 年的 14.7% 升至 15.0%，一二类海水点位比例由 69.4% 降至 66.4%。

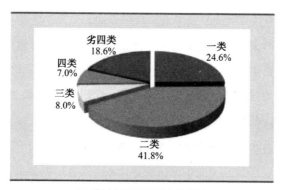

2013年全国近岸海域水质状况

在 74 个根据空气质量新标准监测的城市之中，仅海口、舟山和拉萨 3 个城市空气质量达标，超标城市比例为 95.9%。

2013年重点区域各项污染物达标城市数量

区域	城市总数	SO_2	NO_2	PM_{10}	CO	O_3	$PM_{2.5}$	综合达标
京津冀	13	7	3	0	6	8	0	0
长三角	25	25	10	2	25	21	1	1
珠三角	9	9	5	5	9	4	0	0

全国平均霾日数为 35.9 天，比 2012 年增加了 18.3 天，为 1961 年以来最多。

在环保部发布报告当天，环保部副部长李干杰说，除空气质量外，中国的水环境质量也"不容乐观"，10% 的地表水依然受到严重污染，涉及饮水安全的水环境突发事件也不少，"这几年每年都有十几起，今年前 5 个月又发生了 5 起"。

新华社文章称，报告显示："全国环境质量状况有所改善，但生态环境保护形势依然严峻，最受公众关注的大气、水、土壤污染状况依然令人忧虑。"

2015 年 6 月兰州爆发的水污染事故震惊全国，北京、西安、河北等地雾霾相当严重……笔者真的不忍心描述下去了。

这一系列的状况关乎你，关乎我，关乎企业，尤其是工业工厂。或许我们真的应该为已经到来的环境现象思考些什么，做些什么！想想那"蓝天碧水绿草地，风吹草低见牛羊"；想想那"白云舒卷雁飞翔，一湖瓢饮甘如蔗"。这一切难道仅仅会成为过往吗？如果您读到这里，请您合上书，放下笔，闭上眼睛，思考回忆 5 分钟，想想您能为这些糟糕的情况做些什么！

我们的国家我们护，我们的健康我们爱！

上述现象就是明显的商业不文明。商业文明应与生态文明齐步发展，走科学发展之路，使经济的增长不以生态的破坏为依托。在生态文明建设和环境治理方面，我国也加大了投资与管理的力度。

商业的发展始终应遵循自然规律，合理利用自然资源，加强生态建设，实现人与自然的和谐相处；在建设生态文明下实现工业文明。人类的生存与发展必须与自然融为一体；科学发展观作为一种科学的世界观和方法论，说明了人类要在发展中促进保护，保护中推动发展；保护生态环境，坚持以人为本，在实现物质文明、生态文明、精神文明、商业文明的前提下持续发展。

商业文明的形成在于企业生态的构建，生态型企业业务生态化、价值生态化。具体来说，业务生态化是指企业的业务经营转向轻模式、轻资产运营。企业发展应转向智能化、电动化、绿色化、服务化。

商不殇，商可商。

商业之本

2014—2016 年短短三年仅关于互联网的新闻就层出不穷，各大企业商业模式之争，新的商业传奇时而涌现，跨界打劫、众筹大火、电商之战……还记得马云在 2014 年年初给员工发邮件说："我们对别人的行业呼吁天变了，今天我们发现自己顶上的天也变了，我们脚下稳健的土地也在变化。"李彦宏在 2014 年年初的两会上说："几乎每个行业我都觉得如果用互联网来做会有很大变化。"

瑞星杀毒收费，360 杀毒进来就全免费；微信让舒服地收了十几年短信费的几大垄断运营商们大惊失色；中国大部分商学院培训机构都收费，和君免费，结果为公司招募了多少人才，都不用培训直接上岗；阿里巴巴的支付宝对银行的冲击；柯达的葬礼，摩托罗拉、诺基亚、索尼……他们的身影不知不觉地就消失了，国美和苏宁醒来的时候京东早已变得强大了许多，微信的用户量和活跃度持续上升。2014 年 7 月，腾讯股价飙升，让腾讯市值超过 1000 亿美元，马化腾超过李彦宏成为中国的新首富。仅仅两个月后，首富的位置就有了新的变化，阿里巴巴在美国上市，阿里巴巴的股价屡创新高，马云的身价上升到 286 亿美元，超越马化腾成为新首富，并且赶超了李嘉诚。马云成为亚洲首富的消息没过多久，新的消息接踵而至，小米最近一次融资估值及雷军的占股情况，使雷军又超过马云成为新的首富。

互联网大佬的首富争夺之战，马云和王健林、雷军和董明珠之间的著名赌局，新的商业之争和流量之战可谓是一天都未曾松懈！2014—2015 年一轮又一轮的融资情况，一个又一个的企业破产，持续增长的创业者人数，金融等领域的争夺之战，滴滴和快的的恶战（让打车变得更加便利），外卖之间的烧钱，影视行业的繁荣及教育行业的破局和刚过去不久的股灾……这一系列商业的状况让我们愈加不明白商业的运行法则！

天变了，环境变了，技术水平变了，用户的生活方式及行为方式变了，这是商业状态改变的表面原因，用户的关注点在哪里，哪里就会产生商业的繁荣，那么我们用几个关键词来讲述一下这些商业繁荣背后的本质。

流量

在互联网时代，流量是支撑商业发展的必备因素，流量思维不是 PC 互联网思维，它在任何商业模式中都是不可或缺的，互联网用户在全球（包括中国）飞速增长，越来越多的人开始关注互联网。之前人们上网的方式主要是通过个人计算机，那时称为 PC 互联网，后来随着移动互联网的普及，用户数量进一步增长，互联网用户使用的互联网产品也越来越丰富，各类 APP 拔地而起，各类企业都进入了手机屏争夺之战。换句话说，都是在抢入口，入口为王。用户在互联网的停留时间越来越长，这个时代就是移动互联网时代，移动互联网给新媒体及各行各业提供了巨大的机会。

中国互联网络信息中心公布，第 38 次《中国互联网络发展状况统计报告》显示，截至 2016 年 6 月，我国网民规模达 7.10 亿人，互联网普及率达到 51.7%，超过全球平均水平 3.1 个百分点；手机网民规模达 6.56 亿，网民中使用手机上网的人群占比由 2015 年年底的 90.1%提升到 92.5%。在这海量流量背后，如果某一互联网产品或服务做得足够好就可能会有 5.57 亿人使用，在应用上形成各种不同的人流和直接的交易。一个产品或服务如果可以跨越地理限制就可以形成海量流量，他们遍布世界各地，有各种不同的需求！他们正在互联网上交流与交易。互联网上的人流全部依托于平台，用户在使用服务的过程中留下了数据，这就给互联网产生了机会，这就是互联网企业的很多服务免费的原因！

就是因为一个互联网，网连天下有缘之人，汇聚于各式各样的平台和产品服务之中，互联网生态就是在这样的条件下诞生出来的！一个人和一个产品构不成生态，生态是多产品、多服务共存！每个用户选择其所需要的产品或服务，一个心甘情愿地服务，一个心甘情愿地停留！这就像一对恋人在彼此爱的滋养中终生到老！互联网生态还有一个特点就是大，其可以包容万物，是开放的，万物都可以在我的生态中找到你的位置并维持好你的位置！

像淘宝这样的公司没有向商家收取一分钱，但是从财务报表上看却有大量的收入，其收入从哪来呢？其实淘宝是一个特殊的搜索引擎，始终保持开放，这个搜索引擎以非常专业的方式收入了大量的商家信息，提升了用户在淘宝上的体验，因此逐渐拥有了大量的流量！

全球最大的出租车公司 Uber 没有一辆出租车，全球最热门的媒体所有者 Facebook 没有一个内容制作人，全球市值最高的零售商阿里巴巴没有一件商品仓储，全球最大的住宿提供商 Airbnb 没有任何房产！它们找准了行业，做对了平台，滋养了商家和客户，每个商家和客户都能找到自己的刚需，并且平台为它们提供了足够的养料，因此流量就源源不断。

运营工作者的工作之一就是积极学习和尝试，高效获取流量，做好流量到站后的服务与体验，吸引客户在自己的网站和网铺交易，把流量转为用户获取利益，如艺龙的商业模式的核心是运营客户，客户在艺龙上预定后有返佣！客户数量越大，重复购买就越多，艺龙的收入也就越多。

流量思维是互联网思维最重要的思维方式，也是互联网商业模式创新的基础，其背后实际上是经济学的原理：你给我提供很好的服务，我就到你这儿来！在一个供需间隔着时间、空间、信息、信任、能力差距的市场，或许在这个供远大于需的今天，帮助供方找到需求并克服在时间、空间、信任等方面的差距并形成一个平台，在所构建的平台上解决上述问题，便可聚拢大量的用户，形成如今的商业帝国，其价值无可比拟。阿里巴巴、Uber、Airbnb、Facebook 等都是这么做的！

流量的背后是数据，数据的价值是需求的挖掘、流程的优化和规律的应用。

流量也是后文提到的企业商业生态构建的关键要素。企业的商业生态构建是在大量流量的基础上进行的，任何一个企业的生态构建在构建初期都要利用互联网的流量思维，积累大量的用户，完成初始的资本积累，为日后的生态构建做准备。

体验

在产品多样性、信息多样性、竞争多样性、渠道多样性、流量难获取的今天，我们仅靠一个需求做出一个产品或服务，让用户使用或购买，着实很难。在以用户为中心的思维模式中还要重视产品体验来吸引用户，并产生购买获得口碑，进而进行高效传播，做到以产品为始，以产品为终。

在互联网浪潮下，一个完美的产品，加上良好的传播策略或传播机制，会快速得到传播和用户，因此产品也不是仅停留在一个功能完美的基础上。我们更多地赋予产品一种人文属性和人文关怀来使消费者温暖！雕爷牛腩是这么做的，黄太吉也是这么做的，海底捞更是对它进行了完美的诠释！那么如何打造这样的超级产品呢？读百篇体验之文，偶邂穆胜博士（北京大学光华管理学院工商管理博士后，人力资源和商业模式两个领域的资深专家；在《叠加体验：用互联网思维设计商业模式》一书中提出三重产品体验模型），他将产品体验理解得非常到位，提出了产品体验的三重模式。

第一重　完美终端

第一重产品体验是完美终端，何谓"完美终端"？就是用户与企业进行交流的界面，以具有一定功能的产品形式存在。何谓"完美"？就是你为消费者提供的体验相对于其他终端具有独特优势，能够让用户愿意选择，简单来说，完美终端就是一个让用户愿意进入并与企业进行交流的入口！

完美终端的 6 个维度

➤ 聚焦化

在移动互联网时代，用户注意力分散，需求多样化，无论是什么产品都不可能主张自己能够满足所有用户的需求，总会有个相对聚焦的目标用户群，即所谓的目标人群定位。定位要准，必须直击目标人群，尽可能消灭一切中间环节。

➤ 功能性

终端具有一定的功能性，这是用户愿意使用的基础！例如，智能手机具有通话和互联网接入两个功能。又如，电子商务平台具有商品展示和购物结算功能！功能是满足需求的方式，是与用户顺利交互的基础，功能点应与目标用户的需求点相匹配。在功能点与需求点相匹配的过程中，应特别注意产品的视觉体验。

➤ 设计美

在功能相近的情况下，让美好的设计成为用户选择终端的理由。因为好的美感能让人感觉舒适，用户在没有了解产品功能之前最先了解的就是产品所带来的美感，功能要一点一点体验，但设计美却可以一目了然，让用户一见倾心！

➤ 交互性

一方面可以通过产品上传数据，另一方面用户能够通过产品接收产品反馈信息，当做到这两个方面后就可以形成一个"获取信息→处理信息→推送信息"的闭环。并且各个相关功能之间要相互衔接，做到可进、可退、可循环。

➤ 简洁性

单个产品要简洁，聚焦于解决一个点；换句话说，就是让产品保持"轻"，让人人都可以很容易地使用该产品，这样当用户面对多个产品时，就不会浪费时间来了解产品了。

➤ 迭代空间

完美产品是通过初级产品一代一代迭代出来的，因此尤其是互联网产品必须有合理的迭代空间，有让用户反馈的交互功能，让产品跟着用户走，唯有这样塑造的产品用户才更喜欢、更愿意使用。

第二重 价值群落

产品虽有，但也要有体验人群，人群不同，其对产品的忠诚度也不同，完美终端带来的功能不是不可替代或不可模仿的！终端很容易被模仿，但终端的价值体验和用户对产品的情感亲密度是无法复制的，因此在产品/终端的设计或传播运营过程中，如果让产品"有爱"，让用户有情感上的投入，那么产品对于用户来说就有独一无二的个性化体验，他们不仅会被产品牢牢粘住，还愿意为这种体验支付高溢价。制造这种体验模式是打造一个共享的价值观的"价值群落"（价值群落可理解为：在一定社会环境下，某个个体产生的具有直接或间接关系的各种社会价值总和，即在一定的社会环境下，催生出相应的商业机会，所有的商业机会都是因为发现了特定人群的需求，价值源于需求，需求量决定市场容量，但由于地域差异或需求等级的差异，催生出具有相似形态的商业机构，这些因服务于相同或相似的需求而产生的价值所组合的群体称为价值群落），让用户在一个群体的社交中获得认同感和归属感，使其在该群落中找到"家"的感觉。群落是一个小圈子，一些有着共同符号人的聚集地，一方面这些人在一个地方讨论着同样的话题，抒发着同样的态度，并且互为强化，更加认定他们价值观的正确性！直白说这个地方让大家觉得"找到了组织"，在这个组织中他们容易对某一产品产生共性情感。另一方面，这也更方便了偶像与粉丝（即产品与用户）的交流，偶像通过不断发布的信息及互动可逐渐引导粉丝的价值观，增加这个组织的凝聚力和黏性！

价值群落产品的 6 个维度

➤ 聚焦化

无论企业的价值观能够得到多大人群的认同，始终有一个影响范围和影响程度，当产品确定了从价值观角度影响的目标用户群时，其研发、生产和营销等环节就会随之调整以校准目标！因为产品体验是价值观的载体！用户在产品体验过程会不断将产品随带的价值观深入其心中。

➤ **价值观**

越是让用户深度设计，企业和用户越要共享价值观！用户一旦对某一产品的价值观得到深度认同与参与，他便是该产品/服务的忠实粉丝。

➤ **社群性**

让用户之间相互影响是价值认同的一个好方法，相对于与企业间的社交，用户更容易感受到其他用户的影响！让用户之间相互讨论某一产品或服务，会使用户对该产品或服务产生很深的印象，因此印象人的一个很重要的工作便是促使用户之间讨论某一产品或服务。有时候用户之间的互动甚至可以影响企业的价值观！

➤ **内容性**

社交需要内容，价值观通过内容让用户感知。让内容符合价值观，企业必须不断产出内容来影响和强化用户对于价值观的感知！

➤ **形式性**

用最符合用户语境的形式来社交，表达价值观！即通常所说的社群仪式感。

➤ **渠道性**

产品是企业与用户交流的桥梁，用户有渠道反馈自己的意见，企业也要有渠道表达自己做了什么！

第三重 云端服务

当完美终端或价值群落"钉入"市场后，用户使用端口后能否在后续使用中得到增值型产品体验才是关键！否则，终端就会在竞争中失去吸引力，逐渐丧失对产品的依赖性。那么，如何增值？主要是借助互联网的云平台。为了切断与终端企业的关系，更明确说明这个层级的产品体验，我们假设企业不拥有终端，仅获得接触终端吸纳的用户数据！

云端有什么

将"云"的概念应用到企业管理中，"云"是一种转型概念，可大、可小、可随风移动，也可以很容易地改变其形态。"云"也代表资源的可扩展、可获得模式！简单来说，就是把资源上传到一朵虚拟的"云"上，使其可以根据需求快速、高效地调用，那么如何实现呢？主要依靠两朵"云"。

第一朵是"资源云"，既包括"云"的特性和产品本身，也包括生产产品用到的生产要素；第二朵云是"大数据云"，既包括用户的大数据，也包括企业拥有生产要素的大数据，这是实现"资源云"上的资源被高效调用的基础，因为只有基于用户的大数据分析，才能挖掘出用户内心的欲望，才能知道他们需要什么产品！企业可根据云端所提炼出的信息，开展相应的营销、运营活动或制定符合企业发展所需的战略。

大多数公司对产品体验只到了第一重境界，当对产品有了情怀后，才到了第二重境界，微信这样的产品达到了第三层境界，第三重境界的产品可把用户的心牢牢抓住，以致成为生活的基础设施，很难被超越！三重产品体验模式是产品经理必须知道的，需要有很大的功底才能到达产品的第三重境界！体验好，客户不用愁，盈利不用愁！体验是流量到来的关键要素！2015年自媒体无休止地增长，移动互联时代人人都是自媒体，人人都是品牌，人人都渴望增粉。但在这注意力稀缺的今天，如何能让其他人有效关注你？以下几个方面可供参考！

（1）观点要犀利。

（2）创新要大胆。

（3）图片要精美。

（4）分享要积极。

（5）态度要谦和。

综合来说，就是从人性和体验两个角度赢得粉丝，争做网红！

场景

需求的产生是由于我们在某一特定环境下遇到了相对棘手的困难，或在某一特定环境下，某一服务相对糟糕，急需服务的升级或改善，在这种情况下，场景下的人群观察与分析便显得尤为重要。

场景的作用是链接，链接的目的是与你发生关系，基于价值观、时间、空间的场景崛起是这个时代商业的新入口，数据基于场景产生，数据流动性越强，生成的结构性也越多，使用者之间的关系也越清晰。

人们生活的方方面面都有一个即时或不即时的场景，基于场景设计的商业模式正在成为主流。消费者在新场景下的需求正成为新的入口，也成为新的渠道！一个产品一个场景，产品是场景的解决方案，在该产品里可解决当下场景所遇到的问题。基于问题的完美解决方案已上升到情感层面，在情感层面的认同与分享，可促进品牌的传播与流量的增多，情感在某一层面是放大了的产品，产品被赋予人格，使人与人和人与商业之间构成了强链接关系。在互联网时代，产品越来越多，用户的关注点与心智模式也发生了改变，用户在意的不仅是产品的本身，更多的是产品的附加价值，即情感的认同或突如其来的惊喜。用户也更喜欢在场景化的体验中自愿买单。场景下的体验与服务是营销的关键点，应在高频的场景下解决相应的场景环境中的人群痛点，对场景进行深入洞察。2015 年，中国大量的 O2O 企业死亡的大多数原因是该团队未真正抓住场景下对应人群的痛点，或是其所创造的价值不生态，在不恰当的时间和地点推出的产品或服务。因此企业在为用户创造价值时，要把握用户内在的需求，打造人性化的场景体验，这样企业在经营的过程中会得到意想不到的收获。下图是场景生态模型图。

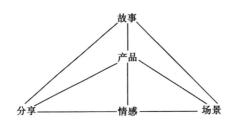

场景生态模型图

基于场景的有情感的故事，也是商业营销中需要重视的一点，一个故事容易被用户记住，也易使有相同经历的人与你产生共鸣，这是同温度、同场合下的一次相遇，容易产生一眼万年的效果。故事等于品牌，有故事有品牌！故事打动人，触动人感性的一面，人在感性的状态下容易产生传播和购买行为。

基于场景的产品和活动是链接用户最好的方式，有链接就有关系！笔者常说，互联网的本质是关系，互联网思维是如何与你发生关系的思维；移动互联网促进了关系的发生，移动互联网的作用是更便捷地提供链接发生关系。

做商业模式设计也好，做营销也好，基于场景的设计更易打动用户。怎么设计？关键点在哪儿？

（1）根据产品确定价值主张和价值主张对应的人群。

（2）在价值主张的基础上找到用户的场景点和场景点中的人群特征。

（3）根据人群特征设计场景活动，吸引用户。

（4）在活动中植入产品的价值理念，影响用户。

（5）基于场景的价值群落的构建，以便用户对产品或服务的使用、消费或反馈。

场景营销，价值为本，场景成为营销的新入口，也是生态构建的关键要素；企业在生态构建的过程中进行多领域布局的关键就是相应场景的挖掘与选取。生态构建者在吃、穿、住、行、娱等方面的布局需要抓住相应场景下的人群，并根据上述 5 个步骤进行相应场景下人群的服务，或对已解决该场景需求的企业进行收购或投资。

本质之谈

流量、体验、场景是商业活动的 3 个关键词，流量解释了 2015 年 O2O 烧钱大战和免费的疯狂流行的现象！体验是移动互联网的核心要素，体验要好就需要强调以人为本的移动互联网精神，今天的商业再造是以场景为依托的，场景下的某一痛点的解决方案成就了产品，场景下的某一活动传播了产品，塑造了品牌！场景下的价值重新定义，品牌重新崛起，使思维方式亟待改变！

当今的商业得以发展和成立，价值为本、流量为辅、体验为王！场景皆服务于流量，服务于价值！情感的塑造使商业上升了一个台阶，业务流程的最优化使效率得以提升，成本得以降低。互联网的诞生只不过使商业的模式流程变了。当代商业使用当代工具，当代思维服务于当代人民，其他一切都是为了抢占用户，优先服务于用户而产生的模式之争！

繁华的时代静心思考商业，重新理解商业是非常必要的。找到事物发生的本质现象，跟随人性去做符合趋势的事情！

商业是在市场中发现机会或创造机会，做好产品，赚取利润！这都是基于需求和资源的调配得以实现的。商业变化的根本原因就是人们需求的转变及资源的重新分配，随着国家发展水平的提高，人类开始进入产能过剩时代，进而传统的制造业开始大规模关闭，人们的需求从物质层面转变为精神层面。消费者更加关注产品的精神价值！社交、旅行、读书、电影、音乐、文化等开始迎来新一轮热潮，凯文·凯利大胆预言，未来我们每个人实际拥有的东西的数量将越来越少，而能够享受到的物质和服务反而越来越多，这是分享经济的结果，分享经济得以成功源于利他精神，秉持利他原则，那么商之殇会少很多。

不同时期只是价值创造与传递的方式改变了，产生了新业态、新模式、新思维，但提供价值这一理念一直不会变。这是科技发展的必然趋势，科技的发展总是不断迎合人性；因此当今商业现象的深层次方面都是人性的表现；不管做任何事，研究好人性就好。

人性的欲望驱动商业的发展，商业的前进根源是欲望的表现，追求虚荣与富贵使商业得以发展。

流量、场景、体验是在把握人性后诞生的互联网企业经营必备的关键词，也是后面要提到的商业生态构建的关键要素。企业的生态构建最终的目的是布全场景，提供更优化的场景体验，吸引更多的流量，为企业及合作伙伴赚取更多的利益。

第2章

新环境下的商业之争

从互联网开始

现在几乎所有的行业都将进行一次互联网化的改革，"互联网+"行论计划也好，"中国制造2025"也好，都是在进行互联网化的改革。互联网在中国的大致发展情况我们在第1章也做了详细的说明，现在我们所谈论的焦点基本集中在互联网企业！互联网凭借其轻资产运营和链接的广泛性以及新技术、新市场的影响下（新技术包括互联网、大数据、人机智能、3D打印、生物工程、新能源等；新市场就是基于这些新技术而产生的新的商业机会，他们打破了信息的不对称，让全球化、社交化、移动化可行可用）使人与人、人与物、物与物之间的链接成为叮能。

在这样的新环境下催生了新的商业文明，基于某一"点"的商业机会大量产生（"点"是指基于某一行业的垂直细分的市场），"点"的机会所产生的商业是创业者容易进入的，这种基于"点"的模式所开展的商业形态包括采购生产、组装、销售、售后等环节。在这些环节中，必然会产生合作业务，于是你的"点"与另一个细分行业的一个"点"连接，变形成了"线"，或者是基于你的商业各环节的供应流程所组成的"线"或"圈"！"点"和"线"，"线"和"线"的相互作用就形成了"体"。

这种"点"、"线"、"体"之间的有机联系就形成了一种生态。

传统的商业是先生产后销售，一般由商家控制产品的设计和生产，是基于信息不对称而进行的，产品的销售主要是靠渠道驱动！由于渠道的等级性和线条性的结构，所以生产的产品价格一般比较贵，它的价格等于生产成本+无数中间环节的成本+交易成本，这种由于某一点的合作所形成的商业连接仅仅是一个网，生态必须是低成本、高效率、多方共赢、互利互助、有竞争、有诞生、有死亡、自组织、自循环的"自然"现象！

互联网的到来，万物连接越加容易，基于平台的经济形态越加广泛；现在生态构建初有成效者都是以平台为起点的。例如，BAT 等生态构建者都是在平台的基础上进行的。互联网平台思维引领商业生态的生成，平台将不同特点的人群或企业聚集在一起，通过一定的业务流程和组织模式使得某类问题得到顺利解决。基于平台下资源的汇集与数据的积累使得 DT 时代下企业的经营思路发生改变。互联网平台也聚合了某类需求解决的多个业务相关方，用户在平台上自由选择平台所提供的服务，因此各个业务提供方为了竞夺优先服务权就必须提升自己的服务体验，渐渐形成良性的竞争与协作。基于互联网平台的特点也推动了共享经济的形成；平台更多的是一个"对接系统"，生态中可能是多个平台的有机结合；例如，阿里生态中聚包括交易平台、支付平台、信息平台、社交平台、物流平台、大数据平台、广告服务平台等。生态中有生产者、消费者和分解者，生态中的企业自协调、自合作，因为生态的协同化反而增生新的需求与业务，具体内容在后面的章节会详细分析。

商业生态的萌芽

回顾 2015 年的商业现象，来感受下商业生态的表现形式！

2015 年基于互联网行业的商业并购和合作现象层出不穷，被称为"合并之年"！清科集团旗下私募通统计，2015 年前三季度中国并购市场再创新高！2015 年前三季度中国并购市场共完成并购案例 2110 起，同比增长 60.0%，披露金额的并购案例总计 1716 起，共涉及的交易金额 139 288 亿美元，同比提高 53.0%，其在国内并购案例共完成 1890 起，较 2014 年同期上涨 64.3%，披露金额的并购案例总计 1543 起，共涉及并购金额 1087.14 亿美元，同比增长 0.3%。

这么多的并购现象好像在布局着什么！

网易科技梳理了 2015 年中国互联网四大合并案例！

1. 2015 年 2 月 14 日，滴滴打车和快的打车合并，打车补贴大战趋于平息。据统计，2014 年上半年在滴滴与快的争夺出租车市场的烧钱大战中，双方补贴超过 24 亿元，可谓烧得发烫！据《华尔街日报》此前报道，两者合并估值或达 60 亿美元，合并之后的滴滴快的已连续完成了两轮巨额融资共计 36 亿多美元，新公司估值 165 亿美金。

2. 2015 年 4 月 17 日，58 同城和赶集网合并，在经历了 10 年竞争之后两家分类信息平台终于走在一起，组织架构进行了调整，业务进行了整合，双方合并后对传统分类信息市场产生了一定的垄断，合并估值也突破百亿美元。

3. 2015 年 10 月 8 日，美团和大众点评合并，对于两家长期亏损的 O2O 企业来说，合并后能减少双方的补贴和市场上的投入，双方合并后会更加便捷地在市场获得资金！类似滴滴快的合并后大量资本汇集，业务模块进行整合！双方共同发力外卖和点评市场。

4. 2015 年 10 月 26 日，携程和去哪儿网在百度的说服下，两家公司终于走到了一起，两者在机票酒店业务上垄断了市场，两公司合并市值约 156 亿美元。

2015 年吸引眼球的几个合并案例，它们合并的是资源、是市场、是人才！这是"体"与"体"的连接，造成了市场的业务垄断，减少了竞争，对于公司双方的发展以及资本方都是生态的！这是行业相同，业务相似的两个公司之间的博弈，是从竞争到合并的生态发展之路！

在以上四大合并案例中，有一个企业与它们都发生了关系，这些合并背后都少不了腾讯的身影。

在 2015 年 10 月 26 日去哪儿与携程合并时，腾讯参投艺龙。2010 年 5 月

22 日，携程联手铂涛集团和腾讯收购 Expedia 所持有的艺龙 62.4% 的全部股权！比携程入驻艺龙更早，腾讯以 8400 万美元获得艺龙 15% 的股份。

2015 年 10 月，美团和大众点评联姻，腾讯占股 20%。

2015 年 4 月，58 同城和赶集网结盟，腾讯持有 58 同城股权比例约 25.1%！

2015 年 2 月 14 日，滴滴快的合并，腾讯投资滴滴快的共计 4 次。

2016 年 1 月 11 日，美丽说和蘑菇街合并，腾讯参与了美丽说的 D 轮融资。

腾讯在五次的合并事件中都有所参与，是腾讯钱多？还是马化腾在布局什么？仔细观察，腾讯在吃（美团大众点评）、穿（美丽说和蘑菇街）、住（携程去哪儿）、行（滴滴和快的）以及综合类（58 赶集）均有涉及，这明显是在构建一个庞大的生态，布局涉及各个领域！

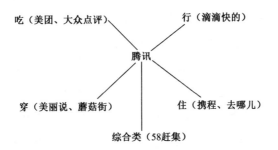

以上仅仅是腾讯外部合并生态，腾讯还有外部合作生态，内部资源生态以及投资生态！在投资生态的过程中又布局 O2O 商业生态，在大生态者包含了多个小生态。

在整个生态中又有生态链、生态系统、生态圈！2015 年，腾讯全球合作伙伴大会中我们获悉：自 2011 年腾讯开放以来共经历了 3 次进化，已经变成了众创生态！第 1 次进化是从 PC 到移动，在 PC 生态，腾讯向外界开放了 QQ，QQ 空间，QQ 游戏大厅，进入移动生态！腾讯以应用宝为主要汇聚点，汇集微信、手机 QQ、手机管家、QQ 浏览器等移动产品！第 2 次进化，从移动端到多终端，创业服务从流量到连接，从软件到硬件；以开放的心态，腾讯的多终端生态实现了超过 3000 万台设备的连接。第 3 次进化从多终端生态到众创生态，腾讯的创业服务从线上到线下，从资源到服务。推出基础服务、第三方服务平台、关键服务等，给创业者提供了全方位的服务，以利他精神做到连接一切。从四大维度布局产品满足用户各方便面的需求，在一个生态里有大大小小的个体（微生物）、群落甚至平台，如资讯（新闻客户端、天天快报、看比赛、自选股）、社交（手机 QQ、QQ 空间、微信）、电商（财付通、京东、大众点评、美丽说），以及娱乐（腾讯视频、腾讯手机游戏、QQ 音乐），极大地提升了用户黏性，丰富内容，创造资讯，对产品进行整合！腾讯移动以"连接一切"为理念的生态圈牢牢巩固移动市场。

与之并列的阿里巴巴、百度等大型企业也在疯狂地构建自己的生态系统，其构建模式与腾讯差不多，都在巩固自己的竞争优势，实现相对垄断！在 PC 时代，典型的商业生态圈代表微软、IBM、沃尔玛、谷歌、亚马逊、戴尔、惠普等主要整合了供应端；在移动互联网商业生态中出现了 Airbnb、Uber、Reprap、Arduino、YouTube、Facebook 等整合了前端体系！苹果、京东、乐视、小米等既有供应链的整合也有前端的整合，它们以自己极强的链接能力构建了自己或大或小的生态体系！包括在第 1 章提到的韩都衣舍也在尽自己的链接能力与价值创造的能力构建自己的生态，还有罗振宇在 2015 年的跨年演讲中提到的乐视妖股也在打破产业边界、组织边界、国家边界，催生新的生态经济！贾跃亭认为，未来 10 年，中国企业将引领全球经济进入互联网生态时代，他的眼光和能力不得不令大多数创业者佩服。从去年到现在的一系列峰会论坛也着重提及商业（互联网）生态。例如，首届互联网生态创新论坛、中国 IT 领袖峰会、中国企业家年会、互联网生态高峰论坛、首届全球企业家生态论坛、中国创业生态论坛等。那么，互联网商业生态究竟有何魅力让小米、乐视等新锐企业快速崛起呢？为什么我国频繁举办关于生态的论坛呢？

很明显，未来已来，商业生态的构建已成趋势。从第 3 章我们开始详细分析。

第 3 章

商业生态

生态学理论

生物与环境

生物随着地球环境的复杂演化而发展，是地球环境演化的产物，生物体不停地与周围环境进行物质和能量交换，生物可感知外界环境的变化，其行为也随环境的改变而改变。生物体对外界的刺激能做出一定的反应。它的生长受基因与环境的影响并且生物具有遗传变异的特性。（如果将生物体比作一个企业，那么可以思考一下，企业的产生与发展及特性是否与生物有很多类似的地方？）

环境是一个相对概念，是针对某一特定主体和中心而言的，对于生物而言，环境是指某一特定生物体或生物群体以外的空间，以及直接或间接影响该生物或生物群体生存的一切因素总和，环境有大小优劣之分，环境有自我调解的功能！在一定时空尺度内，环境中能量的输入和输出是相同的，环境各要素存在紧密的相互联系！

生态位

生态位是指一个种群在生态系统中，在时间和空间上所占据的位置，及其与相关种群之间的功能关系和作用。也可以理解为一个物种在特定环境中所处的位置及其本身的生活习性。在自然界中，每一个特定位置都有不同种类生物，其活动以及与其他生物的关系取决于它的特殊结构、生理和行为，故有自己独特的生态位！生态位这一概念，既表示生存空间的特性，也包括生活在其中的生物的特性，如能量来源、活动时间、行为以及种间关系等！生态位概念不仅指生存空间，它主要强调生物有机体本身在其群落中的机能作用和地位！特别是与其他物种的营养关系。因此，在自然界中，亲缘关系密切，生活需求与习性非常接近的物种通常分布在不同的地理区域，或者在同一地区的不同栖息地中，或者采用其他方式以避免竞争！

生物形成自身生态位的过程中遵循下述原则：趋适原则、竞争原则、开拓原则和平衡原则。趋适和竞争原则解释了生物竞争行为的根源；开拓原则说明了生物可以主动地改变自身状况；平衡原则说明每个生物在整个生态系统中都会找到一个最适宜生存的生态位，要求生物通过最恰当的竞争策略去寻找自身最佳的生态位。

种群

种群是指在特定时间内分布在同地区同种生物的全部个体，种群具有共同的基因库，种群内部个体之间能够进行自然交配，并繁衍后代。因此，种群是种族生存的前提，种群是进化的基本单位，自然界中任何物种的个体都不可能单独地生存于地球上，不同种群存在地理隔离，长期隔离的结果有可能发展成不同物种，甚至产生新物种。

群落

群落也称生物群落，是指具有直接或间接关系的多种生物种群的有规律的组合，是多个种群复杂的种间关系！我们把在一定生活环境中所有生物种群的总和称为生物群落。一个生态系统则是群落和群落生境的系统作用，居住在一个地区的一切生物所组成的共同体，其彼此通过各种途径相互作用、相互影响，是不同种群之间通过种间关系（互利共生、竞争、寄生、捕食等）形成的有机整体。

生态系统

生态系统是指在自然界的一定时间和空间内，生物与环境构成的统一整体。在生物与生物、生物与环境中相互影响、相互制约并在一定时期内处于相对稳定的动态平衡状态，生态系统是开放的！生态系统的组成成分包括非生物的物质和能量、生产者、消费者、分解者。生态系统各要素之间最本质的联系是通过营养关系来实现的，食物链和食物网构成了物种间的营养关系，生态系统的功能有能量流动、物质循环和信息传递。

生态圈

地球上所有生物与环境的总和称生态圈，生态圈是所有生物链的一个统称！它包含了生物链和所有细微生物和生态环境、生态系统！生态圈是地球上最大的生态系统。

商业基因说

在新环境、新形势、新互联网时代背景下传统企业转型，创业大潮来袭等商业情况下，商业的竞争也不仅仅是商业模式、团队、入口等其他方面的竞争，在移动互联网的冲击下已经晋升到商业生态的竞争！生态是由各个物种与复杂的环境相互作用形成的，物种的复杂多样是生态形成的主要前提，物种的多样性是基因的多样性引起的，因此我们从最基本的商业基因说起。

我们都知道，在地球形成后大约有 10 亿多年地球处于无生命的行星状态，如今发现的最古老细菌化石距今约 30 亿年，然后从单细胞生物到多细胞，从低级到高级，简单到复杂，不断进化！生物界的每一次进化都是为了适应环境。从企业和商业业态的发展来看，商业从最初的物物交换到货币与物交换，再到货币与货币交易以及品牌和知识产权的交易，再到最后的跨国交易。一步步演变进化成现代的商业生态。

商业业态在不断的进化过程中衍生了各个行业，在各行各业不断发展与进化中，都已经大致形成了一定的规则和形态。一个行业需要什么类型的人才？业务模式怎么样？交易结构怎么样？潜规则是什么？基本都类似！就是这些因素决定了该行业基因的存在方式和根本属性！

例如，腾讯拥有优良的技术和产品基因，阿里巴巴拥很好的运营基因，百度拥有很好的技术和运营基因，京东有较强的供应链管理基因。

一个最简单的生命最少要 45～350 个基因，生物的各个性状是由多个基因相互作用的结果。

笔者认为，商业的起源来自于需求，需求的发掘在于你的想法和生活经验以及个人的性格，这决定你的商业基因，该基因是否良好在于你的想法是否积极或崇高！在商业的发展过程中，从想法到商业模式的形成以及业务流程的正常运转和规模的不断扩展，都需要较长的时间。这与生物从基因到基因的表达以及最后形成独立或不独立的个体是一样的，从一个简单的想法到业务的正常运转，需要多种因素共同作用！包括创始人的格局和领导能力、团队结构、商业模式的设计状况、市场营销、国内相关行业的政策等因素。

马云发现国内中小企业的生意难做，大多数企业经营状况不佳，客户难找，他看到了这一现象，于是默默发誓要解决该问题。他的愿景是让天下没有难做的生意！但是他既不懂技术也不懂互联网，怎么办？这种情况就成功不了了吗？不，他只需经营好自己的优良基因。他有一颗不服输，肯坚持，敢于挑战，敢于做梦的良好基因，并且有着很好的领导才能和战略眼光，于是他艰难地找到了一批优秀的团队，一起为了一个崇高的愿景去努力拼搏，最终使得阿里巴巴的业务得以正常运行，并不断拓展业务。马云解决了中小企业的物流、诚信、信息、数据、支付、沟通等问题，实现了基因的表达，同时他的基因也促进了团队其他成员基因的表达，多个强基因相互作用，最终缔造了阿里巴巴这个商业帝国！

多个优良基因得以表达，一个商业传奇成功谱写！企业得以上市。长期的沉淀最后形成一个有生命力的企业。生命的气息和生命的活力以及生命的长短在很大程度上是受到该企业的基因所决定的，探究其深层机理，知其本质，明其形态，解其发展之路，加之发展的商业环境相吻合，那么优秀的企业也可很快诞生！

互联网从诞生的那一刻起就要求它是开放、分享、高效、连接，基于互联网特性而衍生出来的互联网的九大思维模式：用户思维、简约思维、极致思维、迭代思维、流量思维、社会化思维、大数据思维、平台思维、跨界思维，那么互联网企业成功的基因有哪些呢？

互联网技术打破了时空界限，导致了市场变化和用户需求的高速变动。因此，需要互联网产品快速迭代，并且有运用流量思维的基因，快速响应市场的变化和不断增长的用户需求，否则将被淘汰！因为互联网的高度连接性，互联网用户的聚焦效应更强。故需要有一个单点突破的市场定位，快速深入细分市场获取用户！互联网信息爆破的时代，要想给用户留下印象，获取品牌效应就需要互联网企业谱写一个感人的跌宕起伏的商业故事！同时，互联网企业必须根据所属行业适时运用互联网的九大思维基因的某一基因！如此，在基因选配适合环境的情况下，互联网企业上市的梦想也可实现！

商业基因之创业

创业成功与否，最重要的是看创始人或领导者！刘强东投资基本只看人，沈南鹏也是！可以说是大多数投资人基本是先看项目再看人，项目中团队是根本，团队里的人对了，项目就对了！人类的一切行为驱动都是基于其内核要素，即在长期的经历或思考过程中所形成的基因，这些因素时时刻刻影响着他们的心智和行为，因此领导人所拥有的基因要素成为创业成功的关键！

吴霁虹老师（北京大学访问教授、研究生导师、RCM 董事长，著有《众创时代》）经过对大量企业的观察和了解认为，尽管每个企业领导者表面都有不同的风格，但在深层次上，他们都有一些重要的、共同的商业基因，这些商业要素包括（但不限于）以下内容。

- 领导者的创业力基因要素。

- 领导者的认知力基因要素。

- 领导者的灵感力基因要素。

笔者对之深表认同，创业者的创业力基因的强弱决定了企业能否从种子期发展到成熟期，以及从种子期成长到成熟期需要多长时间；灵感力基因决定企业能否在同行业中创办出与众不同的、具有生命力的企业；认知力基因决定了企业会遇到什么样的发展瓶颈等，具体讲述如下。

创业力基因：企业从无到大的关键能力

企业发展的推动力主要靠的是企业领导者的领导能力，具体包括创客群体的创造力、行动力、思考力、魄力以及胆识等内在素质，这些内在素质是创业者最宝贵的资产，将伴随创业者的一生；具体表现在领导者在行动方面表现出的善于或不善于发现问题、解决问题，以及在面临困难时解决问题的持久力和发现问题的准确度。

想到做到是创业者的基本素质之一，创业者在获取某一创业灵感力后，更重要的是启动创业力基因将灵感思考成熟，变成可实际操作的方案，而后根据方案进行大胆实践、大胆探索。当创业者的能力不能够去执行该方案或不知怎么去执行该方案时就需要创业者有自我革命的能力和力量。

笔者在大学期间也做过好几个项目，在做第 1 个项目时，我还是懵懵懂懂的大一学生，当时仅仅因为有个想法，为了将该想法落地，笔者在白天努力将想法变成现实，包括网站的整体规划、具体功能点的设置、整个版面的 UI 设计、项目 Logo 的设计以及团队的组建和管理等一系列具体的工作。但这么多工作我几乎丝毫没有接触过，怎么办？只有晚上努力学习相关知识，需要什么就学习什么，学好了就用。遇到困难了就继续学习，有些方面学起来极耗时间，影响项目进展，就去具有相关能力的同学或朋友或采用外包的形式去解决该问题。总之，只要有解决问题和自我革命的决心，一切困难都将不是问题。结果也证明这种学习方式也是最实效、最高效的。

马云、乔布斯、马化腾等知名企业的创始人，无疑是比一般人有更强的行动能力，有更强的力量、勇气和胆识去颠覆传统的思维和模式，他们以全新的方式去构建和开拓商业市场。很多新的理念和模式面向市场时必然会受到诸多人的误解与批评，会面临诸多的冷嘲热讽。在这个时候创业者就需要有顽强的意志和强大的抗击打能力，顶着外界的压力，去不渝地完成该项目。

基因是内在的灵魂，创业力基因的表达是在具体的创业项目上表现出来的，突出表现在创业者在操作项目时遇到困难时是怎么解决的；良好的创业力基因表现在敢想常人不敢想的事儿，敢做常人认为不可能实现的事儿，他们一旦下定决心去做某件事就会想尽各种办法去实现它，并且基本不受外界环境的干扰。他们具有非常准确的商业嗅觉，做事有条有序，有系统的价值观和做事的方法论；这个创业力基因可以引导企业走向健康、繁荣之路。

认知力基因：指导企业走向正确的商业道路

认知驱动意识，意识指导行动。企业领导者对行业准确无误的认知可指导企业在准确的商业道路上轻松驰过。良好的认知可驱动企业用少量的资源去撬开大量的市场。

认知的获取或形成是个人环境与个人经历及个人价值理念共同促成的。认知力基因是企业领导者在思想和思维方面对某一事物或商业现象以及人生价值的深刻认知。个人的格局、胸怀和胆识很大程度上受它的影响，它能让企业领导者形成一套独特的商业价值理性，即做事的价值观和方法论。

认知高于知道，在商业层面，知道只是理解，包括理解某一企业的经营模式、商业模式以及组织模式等，而认知是探知某一现象的深层运作机理。他知道以什么创新的商业模式和组织模式去承接企业的愿景和使命。好的企业在企业经营的方方面面都将企业文化融入企业的经营活动中。

企业领导者的认知力基因的强弱是通过"如何处理企业在经营过程中所遇到的矛盾来实现的",包括领导者如何在冲突面前处理好个人利益、他人利益和企业利益之间的关系,如何处理好个人与家庭、企业之间的关系等。

良好的认知是行动的前提,是做正确的事和正确的做事的前提,因此诸多人士愿意进入高端圈子去接触前沿的观念和高深的思维。人群环境确实可以影响一个人的认知甚至命运。

灵感力基因:企业生命力的发动机

灵感很神奇,灵感的出现使个人充满了活力,使企业充满了生命力,使国家充满了能量;它能使人产生创意,是一切行动的源泉,是一切梦想的源泉。

灵感力基因的形成是因个体对某一领域的长期关注,长期向往而产生的,是个体内心深处所向往与追求方面所产生的一种强烈的对生命的诉求,是个体内心深处强大的动力源泉。这种动力可善、可恶、可长、可短,与个体的认知力基因和创业力基因有一定的关系,关键看这种动念和欲望是利己还是利他。只要是有利于他人,有利于触动人心向善的一面,有利于企业提高效率、降低成本,都可以是一种良好的灵感力基因。

服装行业的个性化定制企业红领集团的创始人张代理是一个有强大领导力基因的领导者,张代理在内心深处就非常厌恶欺诈和不公平,他认为自己不能白来世界一趟,一定要给社会留下点什么。他下定决心要改变服装行业的欺诈和不公平现象,要留下诚信的商业文明。就是因为张代理对服装行业有如此强烈的向往与诉求,这让他有了创造新商业的无限灵感和力量。因此,在他有了能力后就决定用有限的资源开发一个能直接连接消费者的系统,让消费者直接与服装设计者互动,减少一切冗杂的中间环节,将那些不公平的现象消灭。

创业者内心深处对某一领域的愿景和诉求以及在此过程所激发的对某一痛点的解决方案的价值是无穷的。灵感力基因的强弱取决于他的愿景的美好程度以及对实现愿景的渴求度。这表现在个人判断力的准确度和信念的坚定程度以及成功欲望的强烈程度。

商业基因重塑

在一个全新的、一年一小变、五年一大变的商业环境中，互联网、物联网、大数据、云计算、3D 打印、人工智能等新技术的日益成熟，给商业形态以及人类的生活方式带来了很大的改变。因此，在这种情况下，企业领导者就需要有强大的、吻合市场环境的创业力、认知力以及灵感力基因，摒弃那些过时的基因片段，重塑全新的商业基因，补足不全的商业基因片段，从内心深处做一次自我的革新。

重塑灵感力基因

灵感的诞生也有虚无缥缈和切实可行之分，虚无缥缈和切实可行的灵感都有用，只是不要将你的奇妙可贵的灵感泯灭在脑海中。虚无缥缈的灵感可以编成科幻小说，改编成电影、电视剧或是手游，以满足当代人民的娱乐消费需求。切实可行的灵感需要快速记录下来，结合当代的生产工具（3D 打印、大数据、云计算等相关技术）将之变成现实。借助当代工具变现由内心深处的愿望而激发出的灵感，这是新环境下创始人应该注意的。利用先进的生产技术解决某一问题，并紧跟趋势适时调整企业的发展战略和企业的业务形态。根据特色的商业环境发展的能力，根据长远目标确定让人心动的愿景、使命和信念。切勿将一些为了实现个人浮华的目标作为企业发展的愿景。例如，个人及家庭的名誉、金钱等以小我为中心的愿景。

灵感力基因的强弱还与个人的生活经历和阅读经历有关。一般来说，个人的阅历越丰富，其拥有的想象力或愿景能力越贴近于生活。灵感力基因是每个人生而具有的，该基因得以表达也需要外界环境的刺激，不管是被动刺激也好，主动刺激也罢，唯一的目的就是通过灵感的获取解决企业和个人所遇到的一切问题。灵感的获取需要让个人的内心安静下来，发掘自我，找到自己的真实诉求。顺着心愿去做自己内心深处想去做的事情，最好能将个人的小爱进化为大爱，将大爱融入到行为和标准中。

企业领导者的灵感力基因的强弱关乎企业进化的速度和进程。在商业环境多变的今天，该基因越强，企业就有越多的方式去应对这种环境的变化，一旦具有了较强的灵感力基因，企业领导者就能够清晰地预见和制定有灵魂的企业，包括指导如何去重塑企业的愿景使命和价值观，以及在该企业文化下如何调整企业的组织模式等。华为的领导者任正非就拥有这方面的强基因。

重塑认知力基因

认知力基因的直接表达就是企业领导者遇到某一事情的惯性思维，领导者有已经形成的认知力基因去判断对与错、成与败、虚与实等影响企业领导者行动的观念。重塑一个领导者的认知力基因就要领导者打破以往的价值观念和看似无法改变的观念，这就需要领导者用于自我革命，敢于破除之前潜心研究的理论或长期形成的观念，摒弃那些惯性的、指导以前成功的思维模式和做事的方法论。

例如，在今年的 IP 大潮中，网红直播甚是火爆，可以为企业带来巨大的流量，其具有相当大的前景，于是急急忙忙加入这个大潮中。他们绝大多数是受到这种浮华现象的影响，追随大流，而缺少个人的判断。网红虽红，但如果这个红只是因为美颜相机而缺少持久的、深层次的价值文化的创造与传播，那么这个红也只是昙花一现。

浅层次的、易受流行文化和旁人影响的认知不是认知，通过个人艰辛探索、剥除表象、直击本质的认知才是认知基因。过时的文化知识和工具模型在新的环境中必然不能长存，它只能固化或影响我们判断新事物的思维和模式。通过各种商业现象，真真切切地去穿透浮华的现象，明白现象背后产生的逻辑和产生的价值，从而更轻易地弄清怎么创新，怎么发愿，怎么发展。

客观地去认知，科学地去判断，理性地去行动，是创业者的行动准则。重塑个人对世界整体环境的认知和对事物对错的判断方式，重视价值，以自己独特的思考能力和持续的学习能力改变对新兴事物或古老习俗的认知；最好培养起自己的融合思维能力，去不断创新、不断改变。

重塑创业力基因

创业者创业的方法不是一成不变的，个人的创业能力也有强有弱。重塑一个企业领导者的创业力基因就是要重新思考创业者所接触的行业有没有前景，是否值得全身心地投入资源去为之。更主要的是要审视我们的行为是否与我们的价值观、使命、愿景及信念相吻合。想做的事儿是否是自己内心深处一直想去做的事儿。让创业者的个人行为与个人诉求相一致，激发出个人潜在的能量去做一件对他人、对社会有价值的事儿。

创业，创的是业，注定是一项庞大的项目工程，所以创业者不能以短期利益为目标；需要创业者有极强的行动力和专注能力，改掉个人身上不利于创业成长的阻碍因素。这可以通过学习、训练甚至是失败的教训去改变。企业领导者在多变的市场环境下一定要有自己的一套应对方案去融入环境，重新思考自己，形成一套新型的做事方法论。例如，领导者的决策是感性冲动还是经过深思熟虑的？领导者的价值观是否迎合当代的社会环境？领导者的行为习惯和思维习惯以及对行业的认知是否有利于创业项目的成功？与人交往的过程中对结交人群有没有选择？沟通方式有没有改变？等等。

强大的创业力基因的表达可以通过严格的自我要求、良好的创业心态、积极的动机理念符合形成。说创业是一种生活方式也好，是一种个人价值的充分实现也好，最主要的还是创业者的身心健康。移动医疗行业的较年轻的创业者不幸逝世，在互联网圈中引起了一阵悲悯。创业者在创业的过程中固然会面临生存压力、竞争压力和业绩压力等，但创业成功的首要评判标准是创业者的身心能量是否因创业而锐减，如果锐减那么该次创业得不偿失。因此，创业力基因的一大审核标准就是承载基因的身体是否健康，是否能够支撑起一个强基因的表达。

一个好的身体，一份好的身心，再加上个人强烈的信念追求和创业使命，去激发个体巨大的能量发展价值品质和战略策略，努力践行自己的创业梦想，不屈不挠，勇往直前。

商业繁荣的最大推动者就是各个企业的领导者和无数个有着个人梦想、民族使命的创业者。他们所拥有的创业力基因、认知力基因、灵感力基因才是最宝贵的无形资产。创业者或企业领导者需要重新审视自己，重塑这 3 个商业基因，以最新的这能力去撑起自己的野心。只有当领导者的这 3 个商业基因同时作用于一个产业项目上时，企业才能以最快的速度向前发展，同时这样的企业生命力也极强。

商业基因之商业模式

前面从商业基因之创业层面说明了领导人必备的商业基因，从灵感力基因、创业力基因和认知力基因方面进行了详细说明！当领导者的这些基因具备后，还需要有良好的商业模式基因，企业方可发展昌盛！

基因是具有遗传效应的 DNA 片段，它决定了生物的性状，生物的生、长、老、病、死等都与基因有关！那么企业的基因则决定企业的成长和衰亡，商业模式基因在企业基因又占相当大的比重！

"现代管理学之父"彼得•德鲁克曾经说过："当今企业之间的竞争，已经不是产品之间的竞争，而且商业思维、商业模式之间的竞争。在互联网时代，企业要想获得长远的发展就不能仅仅局限于产品的变革和管理的变革，而能够为企业插上翅膀的应该是商业模式的变革。"

商业模式是企业的价值创造、交换与传递的一系列活动，是一种包含了一系列要素及其关系的概念性工具来阐明某种商业逻辑。企业的价值创造活动由众多企业及消费者共同完成！因此，关于商业模式要素之说也众说纷纭！

Osterwalder 等人提出了商业模式 9 要素参考模型。

- 价值主张（Value Proposition）

- 消费者目标群体（Target Customer Segments）

- 分销渠道（Distribution Channels）

- 客户关系（Customer Relationships）

- 价值配置（Value Configurations）

- 核心能力（Core Capabilities）

- 合作伙伴网络（Partner Network）

- 成本结构（Cost Structure）

- 收入模型（Revenue Model）

Osterwalder 的商业模式基本构架

主要方面	构成模块	描述
产品	价值主张	企业的所有产品与服务的概览，它们对顾客提供价值
顾客界面	目标客户	企业试图向之提供价值的那部分顾客群体
	销售渠道	企业与顾客接触的途径
	顾客关系	描述了企业与顾客之间形成的联系
基础管理	价值配置	描述了企业为了向顾客提供价值而必须进行的活动与资源的安排结构
	核心能力	为了向顾客提供价值所需的活动能力
	伙伴关系	为了向顾客提供价值而由两个或多个企业自愿达成的合作协议
财务	成本结构	实现所有商业模式所产生的支出
	收入模型	描述了企业通定位过一系列利润流获取收益的方式

基于类似的思路，H Chesbrough 也提出了商业模式的 6 要素之说，其基于价值与客户构成一个网络关系。

H Chesbrough 的商业模式基本构架

构成要素	定义
价值主张	基于技术的产品和服务为顾客创造价值
目标市场	技术对其有价值的客户以及使用该技术的用途
内部价值链	企业价值链，结构用于创造和传递企业的产出，决定支持企业在价值链定位的互补资产
价值网络	描述企业在供应商和客户连接成的网络中的位置，包括识别潜在的互补型企业和竞争型企业
成本和目标利润	在既定的价值主张和价值链的情况下，确定企业的收入产生机制，估计产出的成本结构和目标利润
竞争战略	形成可获得竞争优势的竞争战略

企业的商业模式体现企业所拥有的资源以及资源的利用与价值的创造并在此过程中实现盈利，也就是企业在市场中与用户、供应商、合作伙伴之间的关系，尤其是其中的物流、资金流和信息流。

在从企业的创造价值角度来看，有人还提出了商业模式 3 要素，即价值主张、目标客户、价值链。

商业模式 3 要素

基本要素	描述
价值主张	企业可以提供怎样的产品和服务
目标客户	企业可以把产品和服务提供给谁
价值链	从产品和服务到目标客户手中所有环节，即如何把企业的价值主张传递到目标客户

关于商业模式的构成要素之说还有好多种，种种的"商业模式构成要素说"都是在表层了解商业模式的结构后再以某种排列组合呈现出来，便形成了对商业模式的某种全貌认识，这些都是宏观要素，要认识商业模式还需要从基因层面，解读基因密码，了解商业模式的基因碱基序列！

现代生物学的发展，使人们对事物的认知深入到基因层面，因为生物的表象结构取决于基因的选择性表达。我们对外界事物的检测不管是外观描述，还是结构解析，都不如 DNA 检测来得直接易显。因为它深入到了微观层面，微观层面是通过现象看到本质层面的东西。例如，水表面上看是由水分子构成的，但对其进行化学分析可知水是由氢和氧两种元素组成的。

宏观层面的生态角度研究商业模式与商业生态，生态层面的模式好不好，首先看它是否符合目前的商业环境，其次看其所提供的产品与服务是否符合特定人群的真实需求，最后还需要到更微观的层面去探寻商业模式的基因构造。

价值为本，市场经济中的交易的达成是因为价值的交换，价值的创造中融入"爱"后所设计出的商业模式更能被用户和市场接受。所以商业模式的基因要素之一是"爱"，唯有关爱用户，关爱合作伙伴，关爱股东和员工，设计出的商业模式才是有潜力、有成长性的企业，唯有爱和付出才是获取商业各环节成员芳心的利器。移动互联网讲究以人为本，情感至上！关爱在移动互联网时代显得更加重要。

阿里巴巴的愿景是让天下没有难做的生意。

麦肯锡的愿景是帮我们的客户成为最杰出的公司。

宝洁的愿景是让我们生活得更好。

惠普的愿景是为人类的幸福和发展做出技术贡献。

沃尔玛的愿景是给普通百姓提供机会，使他们能与富人一样买到同样的东西。

迪斯尼的愿景是使人们过得快乐。

这些公司都是用崇高至美的情怀去创造价值，连接用户和合作伙伴。这是贯穿在企业生产运营等活动中的一条主线，是魂，是价值创造的基因。

华为公司的愿景是丰富人们的沟通和生活，使命是聚焦客户关注的挑战和压力，提供有竞争力的通信解决方案和服务，持续为顾客创造最大价值。华为也将关爱体现在战略层面！

（1）为顾客服务是华为存在的唯一理由，顾客的需求是华为发展的原动力。

（2）质量好、服务好、运作成本低、优先满足客户需求，提升顾客竞争力和盈利能力。

（3）持续管理变革，实现高效的流程化运作，确保"端"到"端"的优质交付。

（4）与友商共同发展，既是竞争对手也是合作伙伴，共同创造良好的生存空间，共享价值链利益。

在价值创造、用户获取、合作伙伴运营、战略定制等方面始终贯穿关爱，自然地将企业做大，这是生态型的发展模式，因为爱能滋生奇迹，有爱的人聚合力更强。

商业模式基因要素之二是"信"，人无信而不立，业无信而不成。企业的长久生存离不开"信"，人人时代的到来使得个人的信度变得尤为重要，社交电商之所以形成就是通过个人信度的积累而达成的交易。"信"是一种无形的力量，当今时代个人因"信"而真实存在。"信"包括信仰、信赖、信誉、信用、信任、相信，这6大"信"共同构成企业的内在生命体。

信仰——灵魂共同体

信仰与灵魂齐趋，有信仰的人有所为有所不为，有时甚至可以创造奇迹。可信佛，可信道，可信基督……信仰不同，所思、所行、所交均有所不同。未来，是一群正知、正念、正能量人的天下，真正的危机不是金融危机，而是道德与信仰的危机，谁的福报越多，谁的能量就会越大！与智者为伍，与善良者同行，心怀苍生，大爱无疆。信仰为崇高而追求，同虔诚而圣洁，是灵魂的共同体。

信赖——生命共同体

信赖高于相信而源于品质，依于品牌；信赖也是一种依赖，让人离不开、放不下。让用户对产品形成一种信赖关系，其价值高于产品价值本身，是企业的利益共同体。用户因为信赖而让企业长久不衰。

信誉——资本共同体

有信誉的企业，终究会聚集资本，信誉是企业的无形资产；资本倾向于信誉或与资本共生。

信用——利润共同体

企业之于利润，就像植物之于水，企无利而不生，利润是企业存活的条件，有信用的企业才能聚拢合作伙伴，找到企业的盟友，信用是企业家立身之根本，信用之有利益并存。

信任——资源共同体

资源，不仅是自然资源！也指人类劳动的社会、经济、技术等因素，还包括人力、人才、智力等资源。复杂社会、复杂信息、鱼龙混杂，你与我靠信任进一步发展，资源的汇集首先是与人的交集，资源基于人，信任连接人与人，信任是资源的共同体。

相信——信息共同体

相信是信任的第一步，相信是一种对美好事物的忠实的期盼，信息的获得在于传递，传递的本质是相信，相信与信息并存。

"爱"与"信"是商业模式两大基因要素，中华数千年的历史一切基于爱与信的文明就可传承至今，具有优良的遗传效应。不同时期、不同环境下商业模式的构成要素不同，其侧重点也有所不同。有些是资源驱动、有些是技术驱动、有些是资本驱动等，一个企业总要有一项驱动项目开展要素方可正常运行。从生物学角度来看，我们把能启动项目开展的要素称为启动子！生物学上某个基因的 DNA 分子结构示意图如下。

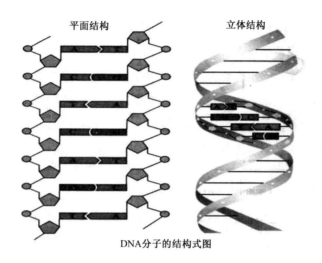

平面结构　　　　　　　　立体结构

DNA分子的结构式图

DNA 分子中碱基配对永远是 A 与 T 配对，G 与 C 配对。

爱与信交替排列构成了两条主链（见上图的右图），爱与信始终贯穿在商业活动的各个方面，由爱与信连接起来的四大商业遗传密码：内部资源能力、价值创造能力、外部合作伙伴、价值转化能力。内部资源能力与外部合作伙伴"配对"而形成整个商业市场，该商业市场的综合能力由内外部资源共同作用后所拥有的能力决定，这也是企业的整合能力。价值创造与价值转化"配对"而形成企业的盈利能力。企业凭借这些遗传密码而存活并攻打市场。

内部资源能力

内部资源能力是指在企业内部进行的一系列组织体系、文化体系、品牌形象、技术能力、营销活动等与企业内部相关的活动的能力，包括吸收优秀资源（优秀团队、资本等）和内部已经有的资源管理模型。

组织体系

企业内部的组织形式决定企业发展的业务流程，有自组织、扁平化组织、树状组织、网状组织等。

阿里巴巴 CEO 张勇说一切商业竞争到最后都会变成组织的竞争，他认为要建设一个适应新生产力的组织生产关系有几个关键点。首先组织方式需要从树状向网状转变；组织构架应当形成"小前端+大平台"的构架；在人才上，放手让更多年轻人掌舵，传统的组织笨重而冗杂，反应慢，极不适合互联网背景下的企业生存，今天因为互联网组织里人与人交流可以瞬时、高效且扁平，为企业发展带来了诸多活力，为企业的创新提供极大的便利。

文化体系

企业的文化是企业无形的生命力，包括愿景、使命、价值观；是一群什么人，用什么方式、什么思想做什么事。文化体系的建立关注以下几个方面。

①找准员工关系的点做文化。

②与公司的行业背景相匹配，以利于企业的发展。

③吻合人性美好的一面做文化（善良、有趣、有活力等）。

④不同部门，不同时段的文化可能不同。

企业文化包含在公司目标、合作精神、危机意识、基本理念、管理价值观、经营价值观、产品价值观、人才价值观、工作价值观等方面，是企业的魂。

品牌形象

品牌代表市场对企业的一种认可和认知，品牌形象的形成需要很长的一段路要走。品牌定位、品牌个性、品牌传播都是每个企业需要琢磨的，品牌不仅是一种价值观，更是一种情怀与信赖。只有打动人心的品牌，才能与消费者建立持久的关系。

技术能力

技术是产品功能实现的保障，在互联网时代，技术是企业发展的核心能力，以专利等形式呈现，能够为产品带来更好的质量和更低的成本。

营销活动

新环境下营销也大不同以前，社群营销、网红经济、微博营销、关系营销等各式各样的营销不断显现，营销活动在于思维的不断更新，市场环境供过于求，营销方案新颖出奇方可快速制胜。

价值创造能力

价值创造是企业能够持续发展的必备要素，企业根据自有资源出产品或服务，满足消费者个性化的需求，同时也为合作伙伴提供价值。价值是交换的前提，企业为合作者或消费者提供价值可以通过以下几个方面。

①产品提供：通过一个产品为相应用户解决某一个问题。

②服务提供：该服务能为客户提供便利或是解决某一个问题。

③咨询培训：帮助用户获得某一项技能。

④平台：提供交易场所通过服务匹配供需，增加交易效率。

在产品创造与服务提供过程中一定要秉持差异化、低成本、高效率、聚焦化、新体验的原则。注重产品的性能与体验，讲究设计美，提供有价值的产品或服务，为用户持续创造价值，所提供的价值包括使用价值、包装价值、人文价值等。

在互联网时代，以用户为中心所创造的价值才是真价值；一切脱离用户而臆想出的产品都是伪产品，毕竟你不是乔布斯。

外部合作伙伴

外部合作拓展渠道，与外部企业或个人形成稳定高效的战略合作，可以优先获得特有资源，使产品或服务更好地到达消费者手中，与外部建立合作伙伴关系，可降低商业模式的执行风险，拓展自身能力。外部合作伙伴有如下几种关系。

①供应关系：产品制造需要原材料供应或者是单独产品的供应。

②战略合作：也可以称之为联盟关系，战略合作以互利共赢为基础，合作双方既可以是竞争关系，也可以是非竞争关系，主要是看两者的资源是否重合。在战略合作的方面可以是技术环节、公共环节、传播环节、推广环节等其中的一方面或多方面的战略合作。

价值转化能力

价值转化能力是商业模式成立与否的关键要素，决定企业的存亡。价值转化有以下几种形式。

①产品销售差价：该模式很简单，即产品的销售价−原价=利润。

②产品租赁：按照产品的使用时长收费。

③产品的使用收费：产品不具有寿命售卖、租赁特性，按照用户使用次数收费。

④中介收费：按照成交价格进行固定比例的提成收费。

⑤广告费。

- 搜索竞价收费，关键词竞价。

- 导航广告收费：hao123、360 导航等。

- 广告平台：广点通、今日头条等。

- 广告展示：腾讯、新浪等大多数网站。

- 媒体广告：电视广告、报纸广告、杂志广告等。

- 户外广告：地铁广告、公交广告等。

- 社会化广告：微信公众号、朋友圈、微博大号、社群等。

- APP 广告：应用市场，各类 APP 内置广告等。

以上广告可按照效果收费、广告投放时长收费等其他方式进行收益获取。

不同的产品或服务有不同的特点，根据其特点和结构也可以设计相应的收费方式。互联网企业的免费模式是流量思维，有第三方企业支付费用，一般也包含上述的收费模式。价值转化能力就是企业可在盈利方面包含上述几个盈利，包含的越多，企业的价值转化能力越高。

一个商业模式的 DNA 构造就是上述方面，爱与信、4 大遗传密码决定了企业的商业基因，每个方面直击企业本质，希望企业领导者多从上述方面打造商业模式。

商业基因之转型

企业的转型就是企业原有基因的突变与重组。

传统企业就像一头大象，笨重、体大、灵活度差，这是它的基因。

互联网技术发展到今天，越来越多的企业面临巨大的挑战，新技术的发展导致新物种的出现，新技术、新思维、新环境下诞生的物种容易存活；那么，传统企业要想存活就必须转型，原有基因的突变与重组是企业转型系统设计的方法。

企业转型的第一步就是领导人要转型，需要具备当代领导者的基因，这在"商业基因之创业"这一节着重说明了领导者需要具备的创业力基因、灵感力基因以及认知力基因。企业领导者重新审视自己，看自己的哪些基因还比较传统，不能在当今的环境下生存，然后进行相关方面的改变！

企业基因的突变或基因的重组所形成的新的基因必须在特定的环境下进行表达、发育、成长。

基因突变是由于 DNA 分子中发生碱基对的增添、缺失或替换而引起基因结构的改变。基因突变可以是自发的，也可以是诱发的，它在自然界中普遍存在，基因突变是由外因（物理、化学、生物因素）和内因（脱氧核酸的数量、顺序、种类发生改变）引起的。

在传统企业转型的过程中，对传统企业真正有效的不是互联网思维，而是互联网基因，具有互联网基因这个时代企业生存的法则。传统企业基因的突变或重组实际上是企业的商业模式的一次升级或转变，换句话说就是企业商业模式基因遗传要素既符合环境而又依托于资源的转变或升级。

企业领导者都有这种感觉，曾经用得很好的方法或模式，越来越不灵了。曾经商学院一直使用的案例也不敢使用了。例如，宝洁的品牌管理曾是最经典的案例，可是去年宝洁突然宣布未来宝洁将砍掉一半的品牌，只保留为宝洁贡献 90%以上利润的部分品牌。为什么会这样呢？就是因为宝洁没有注重企业互联网基因适时环境的改变与培养，在这注意力稀缺的时代，以往的传统企业的生存基因已经渐渐不能适应环境。那么传统企业与互联网基因相比有哪些基因要升级呢？

需求升级

传统企业的业务是以市场需求为导向的，是求过于供的，消费还仅仅满足于衣、食、住、行方面，是工厂先行而后通过渠道进行销售，慢慢地市场逐渐饱和，供大于求。互联网的出现使顾客的消费形态发生了改变，消费者更多的是基于产品的人文价值而去购买某一产品，当然产品也得是一个完美终端，慢慢地人文价值被赋予到了更多的产品上，纯美而又易于产生共鸣的人文属性毕竟有限，单纯的需求满足已经不能使消费者满意，而是需要在本来的需求基础上进行超越，超越现实、创造惊喜。带给消费者超越的价值更需要像罗胖一样的死磕精神，消费者的追求与热爱大于产品的物质本身，消费动机上升到了爱的层次。因此，C2B 平台将是未来行业发展的一大趋势，个性化、自我主导的消费形态正在到来。

竞争升级

以往企业之间的竞争是商业模式、渠道、用户、价格等方面的竞争，现在的商业竞争已经上升到商业生态与商业生态的系统之间的竞争，这是企业间的终极竞争。

生态的竞争，涉及面更广。

百度、腾讯、阿里巴巴、乐视、IBM 等互联网企业都是生态与生态之间的竞争，大企业喜欢收购与投资，准确地说不是喜欢而是在打造自己的生态系统。所以你不仅要在普通方面能够竞争胜出，更重要的是可以将自己变成商业生态链的一环，如果有实力那就创造出属于自己的生态系统。

个人升级

在互联网越来越盛行以及互联网工具越来越完善的情况下，去中心化越来越容易，一切静态产业与不对称产业都将受到严重的冲击，当所有的资金和其他可用资源集中起来时，移动互联网用户却被边缘化，没有了中心，每个人都成为了主导，成为了上帝，人人亦将平等化，一种"人人为我，我为人人"的价值观也在移动互联网中表现得更加明显。在虚实交错的网络世界里，每个人的发声，都可以在网络里放大，个人属性重新定义，用户思维主导商业发展，每个人的价值可达到最大化的发挥；使大众创业，万众创新成为可能，个人的才华与能力得以绽放。因此，在这些创客的努力下，商业世界得以转变！

人人时代，人人自由；人人时代，人人为主。

你的企业把用户放到第一位了吗？

企业品牌基因变弱

传统思维，做企业就是做品牌，品牌战略在以往格外重要，企业品牌基因将在日后的商业活动中越来越弱化，该基因的表达不会那么容易，企业更多的是进行人格化的生存。

曾经的索尼、柯达、诺基亚等品牌几乎无人不知，现在呢？销声匿迹了。

不是品牌消亡，而是它以另一种基因表达出来了。小米的雷军，苹果的乔布斯，黄太吉的赫畅，包括近期的褚橙褚时键，万科的王石，乐视的贾跃亭，醋客老王，papi 酱……这些个人品牌日益强化，并为企业带来了巨额的利润。在后工业时代，产品的制造达到了巅峰，产能过剩，传统企业不得不进行大量裁员，减掉利润不大的项目。

企业品牌弱化，不是产品不好，只是消费者的消费升级了；产品缺乏温度，缺乏灵性，缺乏格调；近年，微博开始大火，在微博上的粉丝经营更加容易，互动效果更好，温度更好。

进行人格化生存，就要懂粉丝、知时尚、有态度，把自己的姿态放低，亲民亲友、敢于自嘲、善于娱乐，让粉丝和消费者感到温暖！最好的就是忘掉自己进行人格化生存。

市场基因变弱

以往企业市场部是企业的一个重要部门，决定产品受众群体的多少，如今我们重新审视一下市场，何为"市"，何为"场"。市为交易的地方，场为交易的环境。现在市为市，场为场，市与场分开了，以往的一手交钱一手交货的时代已经过去了。淘宝、天猫、京东等电商逐日变强，其交易形态与传统的交易形态发生了很大的转变，小米是一个商业奇迹，广告钱几乎没花，但是得到了几百亿的市场份额，这是依靠互联网的力量，不需要你在外忙忙碌碌跑市场，只要拥有一部智能手机，掌握网络营销方法，手机就变成了主要的战场操作工具。

按照传统经济学理论，市场之所以失灵，首先是因为信息的不对称带来的逆向选择：质量不好的东西能够卖出，而质量好的东西不能卖出！但是随着网络和经济的发展，这种影响会慢慢弱化，市场是看不见的手，市场的声誉机制也可使市场的基因弱化，企业通过声誉机制，承担着维持市场的有效运行机制。第二是市场中企业家担任重要的角色，企业家是市场灵魂，传统的经济学假定市场中是没有企业家的，每个人就像无头苍蝇一样，盲目行动导致市场混乱。

以上两个方面是市场基因变弱的主要原因，您的企业在做业务拓展时还是在使用传统方法，重视传统市场吗？

价值基因变强

前面多次强调，现在的商业环境中价值为本，企业只有不断创造价值才能长久生存，以往靠一个产品打江山的日子一去不复返了。现在的产品需要不断迭代，因为用户的需求在不断变化与升级，企业需要有专门的产品负责人对用户行为与需求进行分析，实时更新产品。并且后面的企业价值链的构建以及生态的构建都是在企业的价值提供的基础上进行的，也就是说"价值"在未来是企业的一个重要的连接器。因此，企业必须有强大的价值创造基因，并且它的适应环境能力也需要不断强化。

用商业基因中的互联网基因重塑中国经济组织转型，对互联网进行追本溯源，"互联网+"其实是"互联网基因+"，结合互联网思维把中国经济比作一个生命体，互联网的各行各业都是在互联网基因下的选择性表达；建立并培养符合中国经济发展的互联网思维，用"互联网基因"指导实践"互联网+"的美好愿景，从而实现中国企业的转型升级。

阿里巴巴移动事业群总裁俞永福说："互联网+的本质是供需关系的重构。"那么借助互联网基因进行企业转型的实质也是供需重构，即对资源进行优化配置。然后，怎样用互联网基因实现资源的优化配置，并实现产业的转型升级呢？

从目前的市场发展来看，传统企业和互联网企业合作表现的是相互促进与融合，传统企业需要吸收互联网基因的精华，通过传统基因与互联网基因进行重组，或者单方面的传统企业的某一基因进行定向突变，结合上文提到的，传统企业基因跟互联网基因相比较后的相关基因的升级与变化，积极谋求内部结构的转变，融入互联网基因的开放、探索、平等、互动、极致等基因。

百度拥有极强的搜索技术能力，其互联网基因具有探索性，但在"互联网+"O2O 领域的盛行下，百度大规模投资百度外卖，乐酷天、百度有啊的效果都不是很好，纷纷关闭。百度不是没有技术、资源、团队，只是百度在转型的过程中一直在做与百度的内部资源能力与百度多年形成的基因所不符的事，在不符合百度基因生长环境下的情况下，其成功概率必将大大下降，因为基因是很难表达的。企业在转型的路上进行基因突变，需要铺设好符合基因的生长环境。

顺丰具有极强的物流基因。曾经做的顺丰嘿客 O2O 电商花费了巨额的投资，最终在全国布局了 518 家嘿客店，但最终效果还是不怎么好，其根本原因是顺丰嘿客的互联网 O2O 电商人才短缺，电商思维以及经验也不如京东、饿了么等知名 O2O 企业。顺丰的强基因是物流，在进行基因的转变时，应有的电商人才、管理人才、服务人才、赚钱与分钱机制等内外部环境都不容忽视，即所谓的环境需要铺设好。

在互联网基因下，传播学也发生了很大的转变，以机构为单位的社会性传播改变为以个人为基本单位的社会传播，互联网实现了人人皆可进行信息表达的社会化传播与分享，让普通人也拥有了话语权，激活了以个人为基本单位的社会传播基因，改造了社会关系和社会结构。电视广告、报纸广告等传统的传播路径已有改变。

自媒体的兴起使传播方式发生大的改变，信息分布结构呈现出多元分散的网络结构。在以往的事件中，政府和媒体牢牢把握住了话语权，普通民众缺乏信息获取与传播的途径，互联网的出现，天涯、博客、贴吧、微信等社交平台纷纷登场，草根声音可以被更多人知道，用户思维也在该形式下变得愈发重要。

因此，传统的传播基因急待重组，内容为本、平台为支撑点、碎片化和聚合化为现代传播基因的特点，那么具体该如何进行重组呢？

①将可视化的信息搬到网站上或者移动端。

②个人原创观点的有奖发布机制的建立，并做到实时互动，可采用开放、

众包模式。

③内容与服务的双向进攻。

在互联网的冲击下，传统媒体凭借自己基因要素已经无法适应全新的社会环境，而新媒体作为新物种，其所具有的优势基因成为传统媒体突破自身发展的重要因素，传统媒体保留自身优势与新媒体基因进行重组，形成新的基因品种而后成长。

对于各个行业，从商业基因来看企业的转型，首先审视企业目前所拥有的商业基因，并确定哪些是弱基因，哪些是强基因；然后审视国内外与之相同或相似的大企业所拥有的强基因是什么，相比较后确定哪些基因是无用基因，哪些基因有待强化，而后对之进行改造或升级。

商业基因之生存

纵观商业世界数百年，传承至今的企业品牌少之又少，在商业环境快速更迭的今天，企业的存活年限愈加变少，曾经风靡一时的诺基亚、摩托罗拉、索尼、戴尔等企业品牌悄然消失于我们的生活。不是商业环境变化太快，是我们的企业太重、太沉、反应太慢，在转身过程中太艰难！于是，传统企业就是在这种情况下被淘汰的。物竞天择，适者生存，企业的进化速度太慢，淘汰是必然的。

自然世界，人类日出而作，日落而息，有人诞生，有人死亡，花开叶落，有重复，有变迭。这些皆为自然现象，自然现象有着数亿年传承下来的规律，企业发展如果按照规律而动，则生生不息的商业传递也可呈现，大数据的处理与运用是为了发现规律，规律世界经久不衰。

在中国，中小企业的平均寿命仅为 2.9 年，集团企业的平均寿命为 7～8 年，与欧美企业平均寿命 40 年，日本企业平均寿命 58 年相比，中国企业的运营模式和管理模式确实值得我们思考，中国企业的商业传递能力确实有待提高。

那么中国企业的平均寿命为何如此短？据笔者多年的观察总结出以下原因（但不止于此）。

（1）企业缺少合作共赢意识。

（2）企业所经营的业务为重资产模式，调整困难。

（3）企业感知商业环境的能力较差。

（4）企业无核心竞争力。

（5）企业领导者的格局太小，观念落后，前瞻性差等。

（6）企业人才匮乏，技术薄弱，融资困难等。

（7）企业的专利意识薄弱。

（8）企业持续创造价值的能力差。

综合来说就是企业的生存能力较差，或者说企业的良好的商业基因传递能力较差。

基因的传递性是世间一切物种传递的本源，那么从商业角度来讲，商业传递实则为商业基因的传递。

基因传递的本质是将一个基因导入细胞，然后让这些细胞产生自身所需要的治疗物质，主要是蛋白质产物。换句话说，基因的传递需要一个载体，这个载体需具有可扩充性。

那么，怎样去塑造一个企业的商业基因，该基因的载体是什么，并且在什么条件下才能生存呢？

一个企业经过长久的从 0 到 1，以及最后的稳定发展阶段，终于沉淀了一个相对稳定的基因，然后把该基因"提取出来"，或者"模拟出来"！借助"资本"的载体，然后将该基因导入基因传递所适宜的成长环境中，进行以下操作。

审视基因的产生条件

每个基因表达后功能不同，其成长条件也不同，不同的内部和外部条件所塑造出不同的内、外部形态。

重新审视当下的商业环境

商业基因产生的商业条件和当下的商业环境一般有所不同，企业管理者需要审视当下的商业环境，包括政策环境、文化水平、科技水平、商机要素、成长条件等，并找到其中的变与不变，确定商业基因所产生的环境状况。

试培养

企业要想存活长久就必须适应当下的商业环境，管理者找到其中的不同后，需要在之前的商业环境下让该基因成长，然后逐一改变其中的某一条件要素。待适应后继续改变某一条件，直到与当下的环境相吻合。换言之，在现实条件下，因为经济的发展总是不平衡的，有经济发达地区也有落后地区，发达地区的经济发展模式与发展环境就是要改变的企业进行商业基因试培养的标杆。

例如，韩都衣舍就是根据自身的业务特点，审视国内外相关领域优秀的强基因，进行相关基因的培育。在核心产品方面借鉴了"韩风"基因；在产品的管理模式上选取"ZARA 快时尚"基因，培育"快速、少量、多款"的产品管理模式基因；在运营组织方面培养"阿米巴组织管理"基因；在市场营销方面培养"互联网"基因和"大数据"基因进行营销活动；在供应链管理方面选取"丰田 TPS 基因"和"大数据"基因进行培养。最终在以上基因适配且强化的情况下，韩都衣舍打造出了如今的"互联网快时尚"第一品牌。

成长阶段

企业完成了初步的转变后，就可以扩充团队了，借助资本或网络力量大力发展，稳中求进，健康成长。

其他条件

①低成本、高效率不可忽视。

②尽可能追求产品的极致完美、精益求精。

③有踏实努力，实业务实的企业家精神。

④重视员工利益与合作伙伴利益。

⑤企业需从重资产模式尽可能转变为轻资产轻运营模式。

⑥时常警惕商业市场环境的变化。

⑦小企业最好只做好一件事，并做到完美，以求一针捅破天的效应，这也是小企业的生存法则。

⑧企业所有人员重视定期学习。

⑨培训员工方面企业要勇于投入。

⑩注重细节，注重体验。

⑪企业需有合作共赢意识。

⑫产品、技术、人力等更迭要快，拥有自己的核心竞争力。

企业在生存的过程中，每隔一段时间就重新进行上述步骤，适时改变，适时适应，稳步发展，长久生存。

所以这就需要企业领导者不时地去了解商业环境，感知商业环境；最好构建一个企业所处行业的"资讯云"，"资讯云"里包含了该行业的实时信息，以及与该行业相关的政策信息等有利于企业发展有直接或间接关系的资讯。而后企业员工或领导者经常性地查阅，给企业的发展带来相关发展灵感。企业领导者尤其需要感知商业环境，知趋势；而后提前做出准备为日后到来的商业环境做出相应的战略调整。例如，红领集团董事长张代理先生早在 2003 年就感知个性化定制模式将成为制造业企业的发展主流。于是他提前耗资 3 个亿去建立属于自己的大数据平台以及大胆地进行了组织耳机供应链模式的改革；最终形成了个性化定制的 C2M 商业生态。领导者凭借其极强的创业力基因、灵感力基因和认知力基因保证企业的资金流充足、人才充足、模式先进，带领企业长久发展。

贾跃亭以其野蛮而又优雅的领导力去构建乐视生态，将乐视带往全球；其品质谦逊、聚合力强、意志坚强，使贾跃亭身边拥有了一大批行业领先的人才，有足够的资源去完成他的梦想。还有华为的任正非和顺丰的王卫以及腾讯的马化腾等企业家凭借其卓越的领导力带领团队冲锋陷阵。

综合来说，企业的长久生存需要具备以下条件。

①感知市场环境能力要强。

②领导者的创业力基因、灵感力基因、认知力基因要强。

③企业要经常审视市场环境，选取并培养符合商业环境和企业所属行业的强基因，优化已有基因，形成强强联合的基因组合并在市场中稳定成长。

商业间的关系

商业世界和自然世界一样都有着微妙的关系，万物相通，自然界中各物种、种群、群落的生物关系也可在商业中找到灵感。

种群商业生态

在世界商业群中，商业的繁华与否因当地的地理位置、宗教文化、教育程度、政治等条件的不同而不同，因此在不同区域内商业的生态环境决定了商业的发展态势，即商业的具体环境是适合生产组装还是适合做旅游或是适合做旅游基业等，皆应视具体的环境而论。

中国是多种经济成分并存的国家，在市场爆炸全民皆商的背景下，中国的商业生态呈现多种群、多层次、多业态、多风格的景象。商业种群也应该在当今的商业文明中值得思考与研究。

具体来说说商业种群的定义。

商业种群是指在特定的时间内，在同种商业环境下服务同一人群的类似需求的所有企业或组织称为商业种群。

商业种群一般分为以下几种类型。

①产品制造型商业种群

该种群依托于强大的技术和生产优势去满足消费者各式各样的消费需求，该类型的企业聚集在一起可促进企业之间的合作与共赢，尤其是可促进供应链条的形成。

②服务管理型商业种群

如各类连锁酒店、连锁快餐店等。

③投资控股型商业种群

尤其是在创业环境如此激烈的今天，各类资本企业迅速崛起，该商业种群显得愈加明显。

④区域经济型商业种群

这类企业一般为国有企业，如修铁路、公路型企业、煤矿型企业、做地方特产、搞地方旅游的企业等。

⑤其他商业种群

其他类型的商业种群一般规模比较小，但数量较多。例如，餐厅、超市等其他类别的经营体或企业。

最丰富的生物种群和最全面的生物标本以及最先进的实验工具成就了伟

大的生物学家。中国有最丰富的商业种群，群群而立，移动互联网与传统企业相结合，以协调、融合的方式在传统产业中的既有的存量业务中产生创新和突破进而产生新的业态。如阿里、京东、e 袋洗、饿了么等企业在进行与移动互联网融合过程中发现要想解决某一问题还必须在解决另一问题的基础上进行。于是，这些新兴的互联网公司以一种深度融合的方式借助传统企业的那些资源打破原有的模式与格局迅速发生蝶变，并以持续不断的发展能量快速成长为一个新物种，借助中国较强的"模仿"能力，其他企业发现了新物种诞生后所带给企业的巨大利润，于是也在这一领域迅速发展，最终这一物种数量变多而形成了一个新的商业种群。

在多元种群、多元风格的商业生态下，各种类型的企业都有着各自的生存之道，在各自的特有的领域内经营着自己的业务，各业务的发展以需求和价值提供为动力源。在互联网基础设施逐趋完善的情况下，商业种群的特征也发生了些许变化，互联网的出现使得一个好的产品很容易跨越地区进行售卖，其受众人群打破了地理的限制，该类商业种群的代表有诸多的线上商城，其交易金额与发展状况容易有指数型的发展。

回顾改革开放 30 多年的历程，中国经济艰难增长，今天中国所处的商业环境，中国市场经济活力与氛围更加浓厚，在大众创业、万众创新的国内形势下，草根力量迅速成长，野蛮生长，这是中国市场经济转型的强大支柱，明显促进了国内经济的转型与发展，各种新兴力量的诞生与崛起，中国的商业种群愈加显示出"物竞天择，适者生存"的态势。当然，对于代际演进这一现象也有所体现。今天的中国经济、政治、文化等领域均实现了快速发展，而社会文化属性决定了商业模式与商业社会的发展，中国的互联网新兴产品形态迭代是根据互联网用户文化属性的迭代和演进而变的，例如，90 后、00 后的亚文化属性演进过程促进了互联网产品的形成，亚文化在一定程度上也影响着互联网。从 80 后的非主流（山村非主流、乡村非主流、杀马特等）、小清新到 90 后的二次元、哔哩哔哩、lovelive，催生出相应的互联网商业模式与投资机会，例如，ACG 产业、场景社交、互联网娱乐等。

下面具体说说种群商业生态。

种群商业生态是研究商业种群规律的科学。简单来说就是研究某一区域内某种商业个体数量的多少，以及哪里多？哪里少？什么时候多？什么时候少？为什么会这样波动？

我们说种群是由一定数量的同种个体组成，但这不是简单相加，种群作为更高一级的系统，其数量越多，密度越大；一个商业种群的数量多少与该商业体的受众人数多少以及商业个体的诞生数、死亡数、迁入数、迁出数有关，一个商业种群如果具有相同的盈利方式，则该商业个体越多，盈利能力越好；商业个体越大，相对数量越少。例如，如果一个繁华的地区有一个万达广场，那么其周边的影院或超市就会比较少，如果没有一个大型的商业个体与之竞争，那么小型的个体数量将会增加。

种群商业生态，因聚合而产生效应。

那么如何聚合？运营一个商业种群社群是一个不错的主意。

用户社群

企业在运营过程中要经常性地应用社群运营的方法，将企业所服务的用户齐聚于社群，了解产品的用户适应度和期望度，随时随地反馈沟通，在社群中个体与用户实现绑定，加强成员间的信任背书以及产品的体验反馈，做出符合用户期望的产品，并根据用户提出的其他边际需求进行产品延展。最后形成"产品—体验—产品"的闭环体验。

在未来的商业中得用户者得天下，用户在体验良好的社群里愿意留存，在长期的留存中对产品或企业的价值观达到深入的认同与分享而带来传播；不断扩大产品的影响力。那么，企业应如何打造一个商业种群型用户社群呢？笔者根据自己做社群的经验总结如下。

聚

根据商业种群的类型与特性找到符合要求的用户群体，并根据用户群体特征想出相应的办法去吸引该类型用户到你的社群。具体可以给相应群体提供直接价值或相关需求的免费解决（间接价值）吸引用户。

留

留存的关键在于运营，运营的关键在于如何打动用户的心，即如何做出符合用户诉求的内容或活动，给用户荣誉感、归属感，让用户多多参与，并在此基础上不断进行价值观的输入；因同一价值理念而形成的社群，黏性更大。

融

融既是合，让用户与产品或服务融为一体，这是运营的最高境界；如同微信之于我们，使用户每日关注社群的动态并积极参与讨论，使用户与产品一起成长，如此变现也将不再困难。

企业（商家）社群

企业（商家）社群是像前文说的，服务于同一人群的类似需求的所有企业集合。罗振宇言：未来会有更多的企业群团出现，具有不同功能的企业组合在一起以互补共赢的心态去做企业。例如，罗辑思维和混沌研习社。企业（商家）社群在日后的商业环境中会疯狂增长，可能是因为某一企业上下游供应链的整合，也可能是因为企业间跨行业的联合或协作，更可能是为了集合一地而吸引更多的顾客。这些企业聚在一起相互交流与合作，让同一产业的同一级层的多人思想进行多角度、多思维的碰撞，然后发生一定的物化反应，包括讨论同一产业的商业模式、组织模式、发展前景、运营模式，共同促进产业的发展。

因为在社会的实际生活环境中，在一定的区域内，其人口数量、土地资源、水资源等是有限的，因此其商业种群的容量有一定的界限，即有其最大的种群商业容量；其实际的容量大小与诸多因素有关（如气候、政策、季节等）。

对于商业种群的各个个体，由于每个商业个体的运行机制和管理人员有所不同，对于当地的商业环境掌握的程度也有所差异。因此，决定其种群动态的因素也有所不同，要想知道种群数量变化的原因，必须进行深入的调查与研究。另外，每个商业个体的生存也需要一定的空间，不同个体所需要的空间大小也有所区分，其分布形式也有一定的规律，这需要将建筑设计知识与商业种群动态规律联系起来进行设计。

商业集群

同自然界中各种动物集群一样，同一物种的不同个体或多或少会在一定时期内生活在一起，商业个体集群现象也在商业现象中有所体现。商业集群现象产生的原因也是复杂多样的，可能是为了竞争某一优质的商业地形，可能是为了方便与其他的商业个体进行合作，也可能是对某一气候条件的定期反应，更有可能是对某一现象的趋同反应……

以上的商业集群是商业世界的地理集群，商业集群也有某一领域的代表人物的集群，典型代表是某一商会。同一性质的商业领域中的代表人物集于一地，共同商议此行业的发展大计，多人多计多谋，明显有以下几种好处。

①有利于该行业的繁荣发展。

②对外来侵略者的防御能力有所提高。

③有利于减少授课时间，提高学习效率。

④有利于吸引大量顾客。

商业种群最明显的表现就是商业集群现象，商业集群的发展与生物的进化存在诸多相似性，商业集群作为产业集群现象的一个特例，是商业企业之间不断竞争的结果，商业集群在现代城市、产业园区、商业街、商务中心等区域为消费者和商家创造了良好的经营环境，集群内的商业企业之间既有竞争又有合作的关系，就像生物界的自然选择一样，优胜劣汰，适者生存！商业集群内的商业企业之间通过共享资源，实现集群内的商业企业之间互利共生和优势互补，进而提高整个商业集群系统循环的效率和质量，降低包括搜索成本、谈判成本在内的交易费用，相互合作的商业企业之间在共同利益和各自利益的基础上实现运营效率的提高和资源的有效配置。（后文所提到的商业集群包括了跨行业的集群。）

商业种群内的种内竞争

商业种群内的个体为了抢占某一对之有利的资源而与其他商业个体产生不利的影响的现象称为种内竞争。该现象在商业竞争中普遍存在，各个商业个体间为了争夺顾客、土地、资金、宣传空间等有利资源而引起的商业之战；例如，价格战、渠道战、营销战、烧钱战等，种内竞争对于第三方或者顾客来说是有利的，但是种内竞争也有利于该商业体间的进化速度，种群的综合能力也依赖于内部的激烈竞争。这种竞争迫使企业提升其执行标准，具有侵略性的竞争是由商业种群中与许多相关企业相联系的顾客讨价还价引起的，种群成员会在商业竞争中表现得更加严谨，对产品的质量和体验以及配置要求更高，从这一点来看该竞争还是有益的。

商业种群的进化对经济的增长起到了重要的促进作用，商业种群内一个个体的进步促进了其他个体的改变，以此达到趋同效应；例如，传统的餐馆的经营方式是先选好地形，然后装修好餐厅环境，请到好的餐厅大厨；于是，开始了正常的挂上横匾，等待客人，开始营业！但随着互联网和移动互联网技术的发展，在商业种群中餐馆将服务迁移到网站、APP 或其他平台上，于是其受众群体与经营方式发生了大的转变。种群中的其他餐馆也只能跟着它的步伐走，利用互联网思维和互联网基础设施经营餐厅，这是种群商业生态的进化之路。

生态环境中有多个行业、多个物种，在不同物种之间也有相互作用，两个物种之间的相互关系可以是直接的也可以是间接的；可能是有害的，也可能是有利的；两个商业物种间的相互关系有以下几种。

中性

中性即两者之间互不影响，两个公司之间独立发展，纯属无缘。

种间竞争

种间竞争现象普遍存在于各种生态系统中，是自然界各物种趋于稳定的重要条件；竞争可以是同一物种不同个体之间，也可以是不同物种之间。种间竞争就是指几种生物利用同一资源所产生的相互抑制作用。

在商业世界中，随着物联网、大数据、云计算的发展，跨界竞争的现象更加频繁（跨界竞争就相当于种间竞争）。一句，我颠覆你，与你无关！显得那么霸道而无理。但是，这也体现的了当今商业跨界成为常态，一般在商业竞争中某一企业只关注同行业之间的发展态势，对于那类的企业常常提高警惕；而对于非同行业的企业不闻不问，然后当不同行业的物种突然来袭时，你不知所措，因为丝毫没有准备，所以很容易被打败。跨行业竞争在互联网时代变得简单易行，商业社会因竞争而进化，竞争因维度不同而创新，因创新而绽放头角。

前文所述的种内竞争，笔者将之称为竞争 1.0 阶段，也是一维的竞争；该竞争一般都是同行业的竞争，不会那么激惨，企业只需在本行业专心研究就好。种间竞争称为竞争 2.0 阶段，也是二维竞争，该类型竞争相对来说比较普遍，尤其是在互联网时代；跨物种竞争，攻击维度提高了一级，打破了行业的边界，一旦打破就将重塑行业规则，破坏性比较大。互联网生态竞争是竞争 3.0 阶段，是三维竞争，该类竞争一般是大企业之间的布局之争，是系统与系统之间的竞争。目前我国大多数企业处于竞争 2.0 阶段，少数大企业到了竞争 3.0 阶段，未来的竞争 4.0 是商业生态联合的竞争，或者会发生没有竞争的状况；这里笔者主要来剖析一下竞争 2.0 阶段，对于竞争 3.0 阶段和 4.0 阶段在后面的章节进行分析。

狮子的体格、猎豹的速度、雄鹰的眼睛都是它们赖以生存的资本，那么在市场的森林里，这些物种如何进行跨物种（种群）竞争呢？

跨物种竞争，首先需大胆，突破行业的限制，思维突跃性比较大；互联网思维的跨界思维需经常性使用，跨界性思维的核心是颠覆性创新，而且往往来源于行业外的边缘性创新；所以需要建立系统的交叉的思维方式。跨界竞争最好可以团结同一种群的力量，团结协作、勇于拼搏，就像自然界的动物之间的跨物种竞争一样，也可以强强联合，攻城略地！恒大从地产跨入足球，然后从足球跨入饮料；细细想来，房地产的地域属性比较强，通过足球来培育地产品牌，是典型的跨界营销；而饮料又与体育的相关性比较大，所以跨界也要有一定的行业关联性。

企业要想实现跨界发展，核心是植入跨界基因（跨界思维），传统企业跨界成为互联网企业需要植入互联网基因，或者利用互联网基因改造传统基因，包括文化、组织、管理等方面。

捕食

商业上的捕食与被捕食和生物界的捕食与被捕食的关系相似，一个企业吞捕（收购）另一个企业在近两年频繁出现，捕食者通过捕食获取自身发展所需要的能量或资源，被捕食者通过被捕食贡献了资源省去了生存之扰。

从经济学角度分析，动物的任何一种行为都会给自己带来收益，同时动物也会为此付出一定的代价；自然选择总是倾向于使动物从所发生的行为中获取最大的净收益。动物的捕食行为包括对猎物的搜寻、捕获、处理和进食 4 个方面。影响捕食动物（收购者）收益的因素包括以下 3 个方面。

- 猎物的含能值（被收购企业的潜在价值）。
- 搜寻猎物的时间（找到目标企业的时间）。
- 处理猎物的时间（达成收购意愿并完成收购所需的时间）。

企业收购公司的行为也与之类似，企业收购过程通常包括 6 大环节：制定目标、市场搜寻、调查评价、结构设计、谈判签约、交割接管等过程。在收购的过程中，企业收购者永远不会收购对自己不利或无益的企业，企业收购者一般收购与之相同行业的企业以便减少对收购企业的收购时间。一个企业收购公司是为了扩大自身规模，同时带来企业发展所需要的资源，获得力量，完成资本扩张，实现资源的有效配置。当然被捕食者将无法继续发展生存，对于被捕食者来说没有了继续运营、发展业务、带来长期的利益的机会。

在开篇，笔者也说明了近两年的频繁收购现象，这是自然界的捕食，也是商界的并购。当今全球一体化，贸易、技术、管理、资本、人才等要素愈加重要，商界出现大量打破行业边界进行并购整合的现象，以达到一定的规模效应，降低管理、采购、运营等方面的成本。通过并购，企业的规模增大，销售网络得到完善，从而提高企业在行业中的地位，实现品牌价值。而且企业收购这一现象也是对该企业所在的种群企业数量有所控制。

互利关系

商业上企业之间的合作关系自古有之，企业之间的合作以互利共赢为前提，企业之间的互利能够增加区域双方的适合度，有利于更好地开展双方业务，提高企业的盈利和存活能力。

➤ 专性互利

专性互利是企业双方中的一方对另一方是特定的互利关系，任何一方企业离开双方将不能生存，这是双方的资源的互补性以及稀缺性导致的，是互利共生体。这类企业在当代商业现象中比较少，因为中国同质化的企业越来越多，可以合作的企业也就越来越多。

➤ 兼性互利

大多数企业间的互利关系是兼性互利，兼性互利是双方企业的合作捕食固定配对，一个企业可以和多个企业进行合作，合作是松散的。一个企业可以和另一个企业在销售、营销、渠道、供应链、生产、技术等一方面或多方面与另一企业进行互利合作，几乎每个企业都进行兼性互利。

企业互利合作以共赢为基本要求，你给我提供一方资源，我给你提供另一方资源或者给予金钱上的报酬。这是企业的生存之道。

其他

偏利、偏害以及寄生是商界和生物界的另外的种间相互关系，偏利与偏害在企业间的发生一般由情感所驱动，我对你无偿提供帮助或对你进行恶意侵害都是个人对个人的偏爱或者敌对而引起的。

寄生是某一企业在另一较大的企业环境下进行生存，由大企业提供小企业所需要的资源；这种关系是由复杂的企业环境包括政策和企业自身发展所需而引起的。

商业的发展和经济的发展主要驱动因素就是这些商业间的复杂关系所致，这些复杂的关系导致各企业间的协同进化以及商业世界的平衡发展（种间竞争的协同进化，捕食-猎物的协同进化，互利共生的协同进化）。在商业的收购与被收购的关系中也可实现企业间的协同进化，企业通过收购实现自身的扩张，被收购者只有具有一定的价值才能被收购。

企业之间的协同进化，商业环境的不断更迭，选择压力下企业的生存，在这种适应环境的发展过程中，双方可能产生一种稳定的状态。捕食者-猎物、寄生物-寄生或是相互之间没有利害关系的共生物种间的协同进化可能逐渐发展成为互利关系。总之，一般情况下，企业的一切行为都以有利于其发展的方向进行，毕竟企业是以赢利为目的的组织，因此每个企业都需在其特定的领域创造价值，并通过商业中各企业之间的关系进行价值的传递。那么，企业该如何有效地进行价值创造呢？首先需要在商业环境中占据一定的生态位。

生态位

传统的企业生态位是指企业在某一具体的地理位置、时间阶段上的某一细分行业进行经营活动以及与相关企业的经营关系。互联网时代的企业生态位突破了地理上的限制，范围变得更广，竞争维度更高！企业对资源的需求越相似，它们之间的生态位重叠程度就越大，竞争也就越激烈。因此，企业要想有较好的发展就需要找到与其他企业不同的生存能力或技巧，根据自身的资源与能力优势找到自我的最佳位置。实现企业生态位的分离，实施错位经营策略（错位经营战略是指企业根据行业特点和自身特点，选择区别竞争对手的生态位），从而实现生产和经营的不对称性。

企业利用生态位经营的目的是减少竞争和不必要的资源浪费，所以企业在选择产品或进行市场定位时要充分审核行业市场状况，考虑好自己最佳的生态位，挖掘出特定的生态位人群，有效利用相关资源，发挥自己最佳的产品优势和市场优势。

在生物学中，由于空间资源和营养资源有限，所以相似的两个物种在同一个地方不会生存太久，否则其中一个个体必然会排斥另一个个体。企业之间也存在着类似的现象，业务相同或相似的几个企业在同一个地区为了争夺用户资源或土地资源以及其他有利于企业发展的较为稀缺的资源便会相互竞争，发动各种商业战争，耗费大量的资源和力量在不必要的竞争上。即两个生态位相同的企业存在激烈的竞争关系。在当今产品过剩、消费者较难获取的市场上，企业要实现较为良性的、长久的生存就必须与其他企业有某些生态位的差异。例如，在麦当劳和肯德基的消费市场上，两者原本产品定位相同，但后期为了减少两者之间市场上的恶性竞争，回避激烈的竞争才能使得两者的两者的生态位略有分化，现在肯德基主要吸引青少年，麦当劳则主要吸引儿童。

在两个具有相同功能或相似功能的产品或服务，相互之间为了避免竞争，则可采用不同的人群定位或市场上的区域定位来使其生态位发生分离。如果两个不重叠的生态位相互分开就不会有竞争关系，但在当今跨界流行而又多变的市场环境中，企业需要不断提高自身的环境适应度，最好建立两个或多个关联产品或关联市场，以便一方有难，其他关联产品或市场来提供资金、用户或技术上的支持。相关产品或市场之间抱团取暖，联合而攻打市场。例如，微信和QQ、淘宝和天猫。有些具有相同或相似生态位的企业前期为了争取更多的用户资源或市场份额就开展了各种营销战、补贴战,但经过一段时间的恶性竞争,双方开始认识到其弊端,于是相互之间开始联姻,而后相互之间合并业务也好、分割战地也好,都是为了使双方减少生态位的重叠。例如,美团和大众点评、携程和去哪儿网、滴滴和快的、58 同城和赶集网等合并联姻案例就反向说明了生态位分离对于企业良性发展的重要性。

企业在经营过程中,为了避免不必要的人力、物力、财力,应尽可能同其他业务类似的企业实现生态位的分离,毕竟在同一片生存空间中生存的沟通越少,单个个体所能占据的资源就越多。那么,为了扩展企业的生态位,企业可以与其他企业进行业务合作或互换流量,实现互利合作。毕竟你有你已扩展的地盘,我也有我多年积累的地盘,你我互换地盘资源,则我们就有两个地盘资源。此时,一个企业就可利用之前不能利用的市场范围,实现利益增长,从而实现企业生态位的扩展。在互联网生态环境下,互利共赢、互补协作是企业经营的基本理念,企业领导者可以利用该种思维理念快速实现盈利。

在竞争激烈的市场环境中,企业为了减少竞争可以采用生态位的移动,生态位的移动要根据企业的产品形态和市场定位而做出一定的改变。例如,有一家外企是生产抽油烟机的,其特点是功率小、吸力小,适合煮食类和烹调类炊事。当它进入中国市场后就与中式抽油烟机形成竞争,当知道中国烹调多数是煎炸、油烟多的特点后,外企就根据市场环境做出了适当的调整,改成了大功率直抽式形态,以适应中国的消费市场环境,而中式抽油烟机也为了满足消费者的审美需求将外观进行升级改变,从而实现的生态位的分离。

企业在发展的过程中不仅受到同行业的威胁,同时也受到与之毫不相关的其他企业的威胁;即所有的企业都处于市场的高度竞争压力下。这种压力有利于企业准确、有效地占领其生态位,因为中国市场是相当庞大的,企业在这种压力下就不得不进化成快速适应环境的物种。当企业进化时,必然会领先于同行业的其他企业,就会较容易地获取用户,获取优先服务权,从而抢占用户的心智。其他相似的企业为了生存也不得不进化,改进相关的产品结构或服务体验，从而推动整个行业的进化，这是企业生态位分离的被动形式。

因此，企业应找准自己的生态位，百年老店同仁堂、茅台酒都是找准自己的优势生态位才得以良好发展。当今企业的生存竞争越来越激烈，而单个企业的生存优势是有限的，比如占据技术、生产、营销、服务、信息等一方面的优势，所以有限的优势更应得到充分的发挥。

企业在占据好适合于自身条件的生态位后，进行相应的价值创造与价值传递。然而企业还未将其价值发挥到极致，如果企业将自己融入某一生态系统，并在生态系统中扮演一定的角色而发挥价值，其所创造的价值将被大大提高。乐视在"414硬件免费日"中受益合作伙伴销售额达到170万元，生态出了合作伙伴，种群商业生态也减少了不必要的竞争和浪费，促进了产业的发展。

群落商业生态

商业群落是指在一定的商业环境和特定空间下所有商业组织的集合。

我国传统的商业群落出来已久，秦汉时期已在长安、洛阳等发达城市出现了以市肆和店铺组成的街区式商业群落并一直延续至今，现代意义上的商业群落是在20世纪80年代后期产生的，我国进入市场经济阶段，企业数量大幅度增加，并在地理位置上出现大规模聚集，这便产生了初级的商业群落，但在这个阶段各个企业联系不怎么紧密，一般以购物为主。随着经济的发展，在商业群落环境中增加了绿化环境建设、景观小品以及休闲座椅等基础服务设施，使消费者在购物之余享受到休憩和娱乐，以满足其精神的愉悦和活动舒适的要求。从21世纪开始，商业群落环境品质提高，结构开始复合化。随着人们生活质量和消费品位的提高，初级的步行街和绿化建设不能满足消费者，休闲广场和娱乐设施开始进入商业群落之中，出现了电影、KTV、游乐场等娱乐场所。商业设施更加密集和丰富，以满足多样人群的多样需求。但是，平面形式的商业群落已经不能满足大量商业设施的需求，商业活动已经延伸到地下。商业群落的结构更加复合化、立体化，随着互联网技术的发展，商业群落的表现形式和发展模式已经上升到平台的发展模式，像淘宝、天猫、京东、唯品会、58赶集等，其容量更大，平台上的企业种类更多、业态更繁。

商业群落的构成有一小部分是自发的，大多数是靠自身的资源整合能力和商业的价值网络构建的能力。那么，商业群落在构建过程中要解决什么问题呢？

（1）商业群落构建之处的人流量需很大，要有足够的特色和服务吸引客户。

（2）商业群落的构建需要对其业态进行合理的划分，运用经济学及规划学等多学科理论，制定符合商业活动和人群需求的策略。

（3）实体空间的商业群落还需要在特定的空间内进行合理的小空间划分，包括商铺大小、交通流线及人行活动线的问题；从商业行为心理学、购物行为心理学等角度协调整个商业群落激活商业群落的各部分。

（4）虚拟空间的商业群落需要解决商业群落的定位、业务流程、购物保障、网络安全等方面的问题。

环境心理的相关理论

商业群落面对的对象是消费者，因此研究消费者在特定环境内的心理状态，对商业群落的构建具有指导意义。消费者的需求决定生产需求，消费者的需求变化直接决定生产变化。所以购物人群的消费环境需求变化影响商业群落的发展方向，研究环境与行为间是怎样互动的以及环境变化是如何影响人的对商业群落的发展和演进有重要的指导作用。"人依靠自己的行为接近环境并通过对环境的观察和对环境的知觉与感觉，从环境中得到关于行为意义的信息，进而运用这一信息来决定行为方式"，即心理学上的"s-o-r"模式。所以企业在进行营销工作时，对相关地理环境或网络环境需要重新修饰，毕竟这些要素在一定程度上也影响消费者的购买决策。

美国心理学家亚伯拉罕·马斯洛把人类的心理需求划分为 5 个层次，从低到高分别是生理需求、安全需求、社会需求、尊重需求、自我实现需求。随着经济的发展，消费者需求也在逐渐提高，已经不是单单满足生理和安全需求，还要社交、尊重以及自我实现。这决定了消费者的购买动机。多层次的消费需求决定多样的购买动机，在消费环境多变的今天，消费者购买产品的影响因素变得繁多，实难琢磨，所以需要分析多种购买动机得出影响消费者的购买决策因素。在进行相关的用户分析时，可以充分利用用户在互联网留下的相关数据进行分析，发掘其潜在的购买动机和潜在的购买需求。

在商业群落构建时不但要考虑满足购物人群最基本的生理和安全需求，还要考虑社会文化、公共环境因素、商业氛围、环境心理等多种要素。

商业群落的构建与环境心理学结合，构建出人性化的、可促进消费的多业态群落模式，商业群落的构建在解决上述问题后还要进行相关层面的可行性分析，包括投资回报、商业模式等方面的问题。

那么，商业群落的具体设计方法有哪些呢？

按照自然界群落产生的原理来看，只需要在一定的土地环境和气候环境下，经过长期的进化积累而形成的生物群落，但商业群落的构建除了需要具备一定的地理优势外，更多的是人为的操控。

全局观看环境

充分分析整体的商业环境，包括市场环境、文化环境、基础设施环境、未来趋势等，确定商业群落在未来的发展定位。

关联性看局部

将整体空间分割不同部位，并确定每个部位的具体业务内容，然后了解该部位与其他部位之间的关系，考虑并确定营造什么样的商业环境可以促进双方的共同发展，可以从社会文化、环境心理、历史环境等方面进行考虑。

多内容进行设计

种群本来具有多样性，在多样性的商业环境下，拥有多样的业态、空间、环境等内容，在设计时将之进行融合，满足消费者多样性的消费需求。

特色服务

不管什么类别的商业群落，必有一特色的服务内容，以满足消费者特殊的消费需求，利于吸引大量的消费者前来消费，因此在某个商业群落的整合设计与营销过程中，应注重商业群落的品牌效应和主题内容。

运营管理

在多元性的商业群落中，自生自灭型不适合商业群落的正常进行，必须在商业群落中进行相关部门的运营管理，以维持商业交易的正常运行。

柔性演替

因为商业环境总是处于不断的变化之中，商业群落在没有达到稳定状态之前，不断进行着演替交换，所以在进行商业群落的构建时需要有柔性的管理机制和组织机制，以应对商业环境的不断变化。

说到商业群落的实际案例，不得不提及万达集团。1988 年，国际万达百年企业横空出世，一个商业群落性的、多产业相结合的万达集团从最初的区域型住宅开发商到全国性的地产企业，再到商业地产领军企业，最后到世界 500 强的国际集团，打造出了全国性的商业地产生态圈。那么只从单个的万达商业地产来看万达的商业种群构建，万达影城整体上从影厅排布、流线规划、座位数预估到室内步行街的形态、中庭周围商铺划分、主题餐厅位置以及各业态的组合设计方面将万达商业城设计出了多层次、多业态的组合形态，为企业带来了更好的经济效益，达到了应有的商业群落价值。

对于虚拟的商业群落不得不提及淘宝、京东、天猫等线上的多品类商城。以淘宝为例，淘宝自 2003 年成立以来，发展到目前已经在其"空间"和"环境"下聚集了大量的商家（中小企业），其业务经营多式多样，商品种类繁华多杂，几乎涵盖了人民生活的方方面面的商品。在多样的商品供给和闭环的购物体验下，吸引了大量的用户群，是国内最大的商业群落，达到了较好的交叉网络效应，给用户和经营者带来了极大的方便和利益，各个商家的用户相互吸引与推荐，使其达到了一定的经济效益。虚拟商业群落"空间"（网站或APP）的整合与局部的设计，主体宣传内容和各个细分内容的流程设计以及内容设计是商业群落构建者应研究的内容。淘宝的商业群落与万达的商业群落多次争锋，两位领导者在中国首富之位均有就位。商业群落的整合是当代经济的发展与繁荣必须研究的课题。

那么，商业群落的构建有何竞争优势呢？

①可聚集大量多样的用户群。

②可产生一定的网络效应和规模效应。

③可使用户多样的需求得到满足。

④多方企业或组织可形成一个利益共同体，共同为了群落的发展而尽心尽力。

⑤可缩减商业群落所处价值链的链条，以快速的协作方式为用户提供价值。

⑥商业群落的构建也可扩大某一产品的生产规模，降低企业的经营成本。

⑦巩固企业的市场地位，提高企业的整体竞争优势。

⑧促进产业间的协作与共赢。

⑨为日后商业生态系统（圈）的构建奠定了基础。

（关于本节商业群落的发展历程和环境心理学相关理论的参考资料为：豆丁网，王玮《商业群落整合设计研究》。）

商业生态系统

在第2章中，笔者已经阐明了互联网商业生态的萌芽，本节将从商业生态的概念、特点、产生背景、功能等方面进行详细说明。

"生态系统"已经成为当下商业领域中常用的一词，成为新经济、新关系、新商业的标签。那么，商业生态系统具体是什么呢？

商业生态系统的定义

"商业生态系统"原是自然科学用语，最早在 1993 年由美国著名经济学家穆尔（Moore）在《哈佛商业评论》上首次提出了"商业生态系统"的概念，将商业生态系统类比自然生态系统进行考虑，从而掀起了商业关系革命的浪潮。

穆尔在内的诸多学者对"商业生态系统"进行过定义，总的来说就是：以客户、供应商、生产商、经销商、竞争对手、投资商、政府等具有一定利益关系的组织或群体相互竞争、合作为基础构成的动态经济联合体。它们在生态系统中担当着不同的角色，发挥着不同的功能，各司其职，但又形成互依、互赖、共生的商业生态系统。商业环境决定了商业生态系统间各"物种"之间联系的紧密程度，包括经济环境、政治环境、军事环境、文化环境等。因此，商业生态系统也可以理解为多个商业种群与商业环境之间的相互作用而形成的动态经济联合体，即商业群落里融入"水"和"养料"就可形成商业生态系统；"水"是指价值，"养料"是指数据，商业群落里各个物种之间价值传递与数据的流动与循环相互协同，促成共生共赢的商业生态系统。

在第 2 章中，笔者也提到了商业生态系统构成从"点、线、面、体"而逐步形成的生态系统。那么从该角度来看，商业生态系统又该如何理解呢？

点是指产业相关者、利益相关者等因供求关系而构建的相关关系。

线是指连接机制或者企业的连接能力，从单个个体到因竞争或合作而组成的复杂关系。

面是指利益平铺和发展协同。

体（球）是指多方利益协同的有机结合体。

具体来说如下。

点可以理解为因供求关系而形成的"连接点",该供求相关者包括影响企业活动或被企业活动所影响的人或团体,在商业生态系统的供求参与者还包括行业外的互补企业、竞争企业、投资企业等,它们都可以在商业生态系统中起到作用。

线的构建要看企业的连接能力,企业的连接能力看的是企业所拥有的资源以及企业的文化价值。这些决定了企业在竞争中能否获胜以及在合作中能否共赢。

从点与线构成的平面来说,因为企业是因供求关系而相互连接的,商业生态系统是由各成员而构成的经济利益共同体,各个企业之间互利共赢、利益平铺进而协同发展。商业生态系统的参与企业通过提供一个商业要素作用于另一个企业,参与者可首先进行行业细分、市场细分以及产品细分,利用其他伙伴的资源能力解决该企业的发展问题,从而提高企业的存活能力。

体(球)的形成是多方利益协同的有机结合体,该结构的形成是多个企业对多个企业的相互作用,彼此协同而产生的,但其之间的结合又是有机的。单个企业可以进行自我更新和自我扩张以满足企业的发展需求,多个企业之间又可以互助共生,尤其对于产品制造企业表现更为明显。总的来说,生态系统就是由点的不断进化而形成的。

乐视对商业(互联网)生态的定义是:以互联网技术为核心,实现跨产业链的垂直整合下的价值链重构,打破产业边界实现跨界创新,从而重构生产关系,极大地释放了用户价值和经济价值,形成"平台+内容+应用+终端"的完整开放式闭环形式。

商业生态系统的产生背景

经济演化过渡的必然趋势

前面提到了企业生态位对企业的定位、战略和经营均有较大的影响;世间万物总是由简单、单一的形态慢慢进化为较为复杂的形态;在以往的农耕时代出现了物物交换，工业时代企业是先整合所需要的资源而后再进行相应的分工化合作，工业时代企业的运作一般是一层一层的；任何一个层级的运行出了问题，这个企业就无法正常运行。但在信息化时代，各个企业之间的交流与协作变得较为方便，企业的管理变成了区域性授权化运营，即扁平式的授权分工整合，如今在"大平台，小前端"的组织模式下，大平台给予企业发展所需的资源，小前端组织在大平台上充分展现自己的能力，来创建新物种。例如，在一个草原系统中，草原平台上可孕育各种动植物和微生物的生长，这是一种商业生态组织形态。在知识经济时代，企业的运作模式发生了改变，各个小微企业的发展更加细分化与专业化。例如，某个企业只生产飞机或其他机械设备中的某一个零件，因此在如今的技术多元化、品类多样化的互联网时代，小微企业一般是没有资源和能力去生产运营多个产品的。在这种情况下就使得许多公司的命运被绑在了一起，各自发挥各自的优势，共同协作发展，组成一个相互依赖、相互协作的网络共同体。大企业则是进行多元化生产，构建自己的内部生态。

跨界促进商业生态系统的形成

在互联网兴起之后，跨界合作成为常态，商业生态系统的形成很大原因就是跨界思维的有效利用。笔者从"点"、"线"、"面"、"体"的角度去定义商业生态系统，由"点"过渡到"线"，由"线"过渡到"面"以及由"面"过渡到"体"的过程中都需要企业有强大的跨界能力，打破企业边界和行业边界，使各个相关或不相关的企业走到一起，从而增加了各自的市场机会。

在第 1 章中，笔者提到商业生态系统的构建是为了获取更多的流量，从这个角度来讲，跨界思维其实也是流量思维。

消费升级驱动商业生态系统的形成

随着人们生活水平的日益提高，原来的产品因为功能单一、外形简单、体验较差，而不得不被淘汰。消费者对新型终端产品的要求越来越苛刻，多样、完美、舒适、流畅成为大多数消费者的基本要求。在这些要求下，使得单个企业无法满足消费者的升级需求。企业必须与相关企业更加紧密合作，才能达到消费者的新型体验要求。即以生态系统所聚集的多样用户群为基础，应用互联网思维和互联网工具，为消费者提供无缝的服务体验。当多个企业联系紧密的时候，商业生态系统也就逐渐形成了。

技术优势和系统诱惑驱动商业生态系统的形成

如今，互联网技术和网络平台可以将各个组织、各个团体、各个企业高效地连接在一起，即企业可以将合作伙伴企业的各个业务连接起来，使系统内信息和资源交换的量度和速度大大提高，以灵活应对突变的市场环境。另外，目前构建生态系统成功的企业市值可以达到 1000 亿美元，如此大的市值诱惑驱使诸多企业开始构建各自的商业生态系统。

未来发展的不可控变量实在太多，环境多变，人力成本逐步增高，单个个体对环境的感知能力又相对比较弱，当多个相互关联的企业组成一个有机组织（即系统），在系统内互帮互助、互谋策略，这样的联合体较容易在市场中生存。

商业生态系统产生的重要特征

前面笔者从多个方面阐明了商业生态系统的定义和产生背景，这还不足以让企业更好地构建一个商业生态系统，还需要全面了解其特征。

多样性

商业生态系统同自然生态系统类似，其作为一种新型的企业网络也有多样的结构特征，集中体现在用户多样性和种群商业形式多样性。

（1）用户多样性

生态系统构建的目的就是将各种类型的用户聚集在平台内，平台的作用就是高效地服务于多样的用户，用户多样性是由个人的需求多样性和喜好多样性引起的。

（2）种群商业形式多样性

● 平台多样性

生态系统的构建视为了给用户带来快速而又极致的体验，这就需要构建多样的平台。例如，阿里巴巴为了满足消费者的购物体验而产生了淘宝/天猫平台、支付宝平台和物流平台等。

● 内容多样性

用户/消费者对内容的需求天生具有多样性，这是其对新事物的好奇心和对新内容的学习心引起的。另外，多样化的内容才能形成商业生态系统肥沃的土壤。在内容多样性中，内容的种类越多、越新鲜、越能刺激消费者潜在需求，就越有利于用户的存留。

● 终端多样性和应用多样性

终端和应用是为了解决消费者多样的需求而产生的；多样的需求就需要多样的终端和应用去满足。例如，乐视的多终端结构有超级电视、超级手机、超级汽车和乐视盒子；多应用有乐视网、乐看搜素、网酒网、乐影客、lecar、lecloud 等。

商业生态系统的稳定性

商业生态系统的多样性结构使得整个系统可以从多个方向去感知商业环境的变化，以及时做出调整。另外，在商业生态系统中必然存在一个起领导和决策的关键企业，关键企业对于生态系统抵抗干扰起着非常重要的多方作用，它可以在多变的市场环境中起顶梁柱的作用，走在行业前头，为企业的生存探知方法，从而使得其他企业有机会反应，保证了系统的稳定性。

商业生态系统的进化性

进化总是由简单到复杂，由低级到高级的递升过程。生态系统在相对稳定的基础上推动着系统的进化。因为新环境的出现总会催生出新物种。当生态系统中出现新物种后必然会出现另一个新物种与它相持，共同维护生态系统的稳定性。换句话说，系统内各个子系统通过物种间的相互竞争而协同，通过协同作用推动着系统的进化。在这个复杂的系统内，不同个体的自我运作与管理以及相互之间的种间与种内关系推动着这个系统由低层次向高层次进化。

商业生态系统的边界模糊性

乐视打破了边界创建生态，腾讯跨域经营走向生态，因为多向跨界使得企业呈现网状结构。生态系统中各个企业相互交织、相互作用，这是正向说法；反向来讲，因为商业生态系统处于网状结构，必然不会使其中的任何一个物种单独存在，它可能既处于这个生态系统中，又处于那个生态系统中，随需调用。一般来说，企业所拥有的价值创造能力越大，其与其他企业的连接能力就越强。

商业生态系统的边界模糊还体现在：每一个商业生态系统内部包含众多的小商业生态系统，同时它本身又是更大的一个商业生态系统的一部分。例如，飞利浦不仅和美国电话电报公司在光电技术领域合作，也同德国西门子公司合作，设计统一的电话系统。

商业生态系统的组成

生态系统中有生、有灭、有存，很自然。

商业生态系统中存在着各种类型的企业，有生产型企业、有消费型企业、有分解者企业，其终极服务对象都是消费者，企业明确化分工而又相互合作化经营也是为了更好地服务消费者，为消费者创造良好的生态环境。

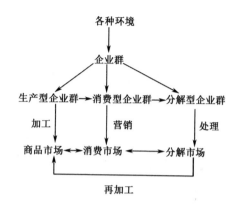

商业生态系统组成结构简图

在各种经济环境、社会环境和自然环境下，人类为了生存或更好地生存诞生了各种类型的企业，这些企业有生产型企业、消费型企业和分解型企业。复杂的商业生态组成结构还有好多中间环节，那些企业都是为了生产型企业群、消费型企业群和分解型企业群之间更好的连接或相通资源而产生的。即各类企业的相互分工是为了将已存在的初级资源变为能解决人们需求的产品或服务并送达消费者身边。各个企业各有所能，企业间相互连接的目的是将各个企业的价值发挥到极致，以达到生态效应。

生产型企业群及其功能

在大的商业生态系统中，生产型企业的诞生是为了满足人们的产品使用需求。人类在生活中有各个层级的需求，不同的人在不同的环境中有不同等级的需求。因此出现了各式各样的生产型企业，生产型企业的目的就是对已有的资源的再加工和利用，提高物质对人类的实用性。在互联网和大数据环境下，企业的生产方式也发生了极大的改变，具体内容在后面的章节中详细讲述。

消费型企业群及其功能

消费型企业群是将生产型企业群生产的多种类型的产品加以销售的企业。该类型企业和消费者直接接触，它面对的是强大的消费市场，如沃尔玛、华润万家、京东商城、淘宝、天猫等提供产品售卖型的企业。各种类型的消费型企业的作用是如何以更快、更好的方式将产品呈现给消费者，使消费者能将企业生产的产品转化成可供消费者消费的某种形态，如通过劳动力、知识、能量或其他可改变消费者某种状态的生产要素或发展能力。

分解型企业群及其功能

商业生态系统中的分解者是收理企业和消费者产生的废品物资的群体，其功能是将废品、物资收集和处理，并归还大自然，保持生态环境的健康，保护自然生态系统的平衡，促进人类可持续发展。具体来说，分解型企业是将对人类健康和发展有碍的物品分解或加工成对人类生存和发展有益的物资，对资源进行有效利用，促进人类的可持续发展，是循环经济健康发展的主要途径。

市场环境及其功能

市场环境就相当于自然生态环境中的无机环境，存在于无形；但对生产型、消费型和分解型企业的形态有较大的影响。商业生态系统中的市场环境是企业之间、企业与消费者之间、企业与分解者之间进行物质交换的场所。各种市场环境和企业的经营形态决定了国家的经济形态，市场是易变的，它受国家宏观调控的影响，更受到军事、文化的影响。庞大而又复杂的市场环境会产生各种各样明显需求和潜在需求，企业的诞生就是为了解决这些需求。

商业生态系统是具有不同功能的不同主体企业相互之间的有机联合体。一个最简单的生态系统由一个生产型企业、一个消费型企业、一个分解型企业以及市场单元所组成；也就是说一个生态系统的构建也是一个产业的构建，将企业的上下游整合在一起，协同发展。一个行业可以有多个生态系统，一个生态系统也可涉及多个行业。复杂的商业生态系统由简单的商业生态系统逐渐进化而来，协同越复杂，生态越稳定。

商业生态系统的价值网

在生态学上食物链是各种生物通过一系列吃与被吃的关系彼此连接起来的序列，使能量在食物链间传导。

与之类似，商业生态系统中各企业之间的连接是通过企业所具有的价值而连接起来的，企业能持续经营下去是因为企业能持续创造价值。一个企业能与其他企业进行合作也是由于该企业具有合作价值，企业与企业因彼此相互产生价值而连接的链条称为价值链。

任何一个产业链或者价值链都是一系列的供给与购买关系而形成的，即每个上游环节对下游环节所形成的供应关系。那么在这种供应关系中，企业就是设计并掌握价值链并以最大限度创造和收获价值。企业首先要争取在最便宜的地方采购原材料、在成本最低的地方制造产品、在价值最高的地方进行销售，从而实现整个价值环节的最优化。对于不擅长的环节，企业可以通过外包或者进行战略合作优化企业价值链。

基于价值链的创新，许多企业是由以往的横向价值链过渡到如今的逆向价值链。由以往的企业生产到渠道销售的 B2C 模式转变为 C2B 模式，即客户的需求与购买是企业价值链的终点的传统观念到把客户的需求作为企业经营的起点。这种关系将用户放在了第一位，将生产变得有目的、有方向性，逆向价值链模式必将成为未来新商业模式的主流。

从价值链到价值网

生态系统是一个多维的系统，价值链也不足以阐明各企业之间的复杂关系，于是随着单个企业的进化以及多个企业的互利共赢，价值网模型也就自然诞生了。具体来说，实物价值链、虚拟价值链面临的主要问题是降低成本以及发现新的客户需求并进行对应的营销。这主要围绕的是企业与顾客的关系，但低成本制造、快速配送等需要企业与企业之间在多方面进行合作，以提供定制化的解决方案。而且每个企业都有自己的价值链，这些价值链与客户价值链在多个环节的相交成为网状结构而成为价值网。

在 A.Brandenburger 与 B.Nalebuff 提出的价值网模型中，价值网被认为有以下 4 个核心组成成分，它们是顾客、供应商、竞争者、配套企业，形成如下图所示的关系网络。

价值网模型

从中发现顾客被认为是价值网模型中的成员，表明顾客是价值创造与价值传递的直接参与者，顾客与企业、企业与企业之间相互影响形成价值创造、价值分配、价值传递以及价值使用的关系体系。这表现为多个价值链多个环节上的网络结构。企业在进行信息知识的分享与获取、资源的利用与获取等多个环节时借助"网络效应"创造价值并获取收益。

我们知道，商业生态系统中既有竞争关系又有合作关系，在价值网中所有参与者之间的多条价值链中有竞争、合作、互补等多种关系。供应商-企业-顾客与供应商-竞争者-顾客构成两个并列的价值供应链，这两个有竞争关系。具有相同或互补关系的两个企业通过合作做大价值创造或价值传递的某个环节。同时，企业可以充分利用网络成员的资源或能力，协调网络成员的各个关系为顾客创造更好的服务体验；做到用户价值第一，因此生态型企业的价值网模型应该这样设计，见下图。

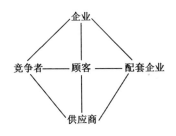

生态型企业的价值网模型

以顾客为中心的价值创造，就需要各个企业、竞争者和供应商都以用户为中心，为用户创造最大的价值而形成网络关系。为了实现用户价值的最大化，企业只有打破边界，进行跨产业链的垂直整合，协同各方力量为用户创造价值。所以价值网可以简单地理解为企业打破了原有的边界（行业边界、组织边界、市场边界等）和更多的利益相关者发生直接或间接的关系，形成网络化的价值体系，而商业生态系统的内在连接要素就是价值网。

在今天，一台计算机或一部智能手机要完整实现其功能就需要与芯片硬件、操作系统、软件等多个环节的企业共同协作完成某一产品。当企业协同完成一个产品时，因为产品的标准以及生产企业的能力的差异，于是在进行价值匹配的过程中就会产生竞争与融合。个人价值链的扩展就需要企业以客户为中心挖掘客户的相关需求，并通过自有业务的延伸或与新供应商的合作以满足客户的需求，因此今天我们看到不同的行业很容易走到一起。

商业生态系统的功能

价值传递

在生态系统中，其功能之一就是能量流动，能量流动是指生态系统中能量的输入、传递、转化以及丧失的过程。生态系统中通过能量而流动于各个生态环节中，那么在商业生态系统中"能量"是什么呢？即什么物质可以在商业生态系统中流动呢？

生物体因能量而富有活力，企业因具有价值而富有活力，所以商业生态系统中的一大功能就是价值传递。

商业生态系统是开放的、无边界的，其传递价值的方式也是多样的，企业的营销、品牌活动、运营等都以价值传递为目的。企业的价值传递是在企业所在的价值链或价值网中进行的，企业的价值传递在今天的商业环境中发生了改变。管理大师彼得·德鲁克（Peter F.drucker）曾经说过："企业的目的只有一个正确的定义，那就是创造顾客。"企业创造顾客的核心方法就是通过价值的传递，顾客通过价值的获知来实现价值的转化。

如今的商业环境下，顾客既是购买者也可能是价值的传递者，甚至会是价值的创造者，所以企业必须将顾客看得非常重要，这也是社群在这两年大行其道的原因。因为顾客行为的目的不只是为了获取个人的利益，市场环境也不是"你卖我买"的交易形式，他们更多的是情感的消费与价值认同所产生的价值传递。所以研究顾客的动机与意愿比研究表面需求对企业来说有更多的指导作用。动机是构成人类行为的根本原因，这是由于顾客的心智模式所决定的！所以让顾客参与到价值共创当中就显得尤为重要了。对顾客的某种行为做出假设与验证，顾客的行为是某种需求驱动，还是某种心理驱动，或是情感驱动？并且产品的设计过程也需要对人性进行很好的把握，如最近很火的 faceu 软件就对人性把握得很好。

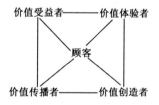

顾客价值体验生态模型

因此，在商业生态系统的价值传递过程中，首先需要对产品进行人性化设计，对传播机制进行合理的设计以及对价值的转化也进行人性化设计，这是互联网公司主要要关注的内容。并且在价值传递的过程中始终秉持利他原则、互惠原则以及共创原则来实现传递机制的有效运行。

在以上的顾客价值体验生态模型中，价值的创造、体验、受益与传播都围绕着顾客进行，顾客可参与上述环节的一个或多个，他们之间的相互作用呈现出网状结构，并在一定的阶段内网络内部可实现自我调节。例如，顾客在使用某一产品后对其进行谏言献策，提出个人的需求和建议，而后产品经理对顾客的反馈意见进行收集与整理，设计出符合顾客需求的产品。这样设计出的产品顾客更容易接受，顾客也会欣然体验；在顾客参与体验后感觉有哪些环节还需要进一步完善，然后继续提出反馈意见，周而复始，一个完美产品就容易产生。在商业生态系统的价值网中以某一用户群所对应的产品为中心的价值活动可分为产品生产前的准备阶段和产品生产后的销售阶段，即产品制造型企业的价值链的上下游的组合而形成一体化的价值供应。当行业的边界打破后，企业在任何一个节点均可与相关或不相关的企业进行合作或竞争而展开的全链条、全节点的网络价值生态传递，从而形成一个协同、共赢、互助的网络体系。

数据循环

在商业生态这样一个大系统中，企业的生态构建必须利用互联网的基础设施进行业务流程的升级与改造，基于大数据、云计算、高存储等互联网的基本特性背景，人类已经基本进入大数据时代，在商业生态系统中可产生并承载庞大的用户数据，用户每日的行为活动可在系统中保留存储。大数据最核心的价值就在于对海量数据的分析与处理，挖掘出用户的潜在需求。不同行业的数据交换或融合可发生一定的化反作用。传统制造业要完成蜕变升级就需要借助互联网的大数据，制造业企业可以利用大数据对生产流程进行优化与设计，以定制化的产品或服务满足用户个性化需求。企业也可以对市场数据进行收集、分析与处理对市场的变化做出判断，从而对企业制定战略起一定的指导性作用，走最合适的道路，最终更好地服务于用户。

因此，数据产生于用户，经过商业生态系统的处理与优化而又服务于用户。

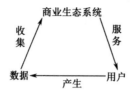

在商业生态系统中，数据对于生态的构建者最有益。企业因将用户、合作伙伴、竞争对手或企业内部的各个部门都融合在该生态系统中，而进行数据的实时分析并做出相关的决策与活动，其产生的各类数据是商业生态构建者最大的财富资源。

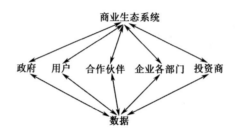

商业生态系统的数据循环模型

对于企业的各个部门，可以围绕着数据展开协同工作，提升企业的运营效率，降低各部门的决策失误。对于用户来说，数据的产生与分析可促进企业产品的用户体验与升级。企业分析数据挖掘潜在的需求，有了大数据的技术支持，企业具有了整合来自研发、生产、管理、等方面的数据资源，可以对企业的业务流程和组织架构进行重构。

对于商业生态系统中各环节所产生的数据进行整体性分析，然后优化已有的商业生态系统的组成和结构。例如，淘宝或天猫上的用户浏览或购买行为可用于淘宝店主的商品精准推荐，对于具有相关关系的店铺的数据可用于用户的行为喜好分析，以促进推荐商品的合理性和有效性，以达到较好的经济效益。各部门对其用户的数据分析可优化用户的购买页面及购买流程，数据的作用远不止于此。

数据是信息的表现形式和载体，数据的传递、处理和利用实则是信息的处理和利用。对于商业生态这个庞大的系统，要想维持其顺畅和稳定，信息的有效传递和利用在此过程中必不可少。

信息对人类的行为有重要的指示作用，在商业生态系统中，信息分为用户信息、合作伙伴信息、竞争对手信息、企业内部信息等。每种类型的信息的接受与分发对生态系统内业务的稳定行进和相互协作具有重大的作用。

在生态系统中，信息的流动也有一些基本的过程，具体如下。

➤ 信息的产生

系统中信息的产生是一个必然的过程，信息与个体同时存在，个体只要有目标和动机就会产生行为，会有运动的变化和方式的改变，动态的行为会产生多变的信息，将这些行为和变化的数据收集起来会产生信息，将之利用起来就会产生价值。

➤ 信息的获取

信息的获取靠个人的知觉能力，信息的获取与采集可以利用相关技术进行相应信息的接收。

➤ 信息的传递

信息的传递包括信息的发送处理、传输处理和接受处理等环节，信息的传递保证了信息的有效运行。信息的不对称是由信息的传输工具与接收工具的落后而引起的。

➤ 信息的处理

信息的处理需要对信息进行加工、优化、压缩、纠错、匹配等过程，对信息的处理层次越深，越能对信息进行有效的利用。在互联网时代，云计算技术就是对信息的有效处理工具。

➤ 信息的再生

信息的再生是利用已有信息来产生信息的过程，是对信息的加工、优化、压缩、纠错和匹配的结果。信息的再生表明它是一个由客观信息转变为主观信息的过程，是主体思考升华转变的过程，是信息处理后做出符合环境的思考过程。

➤ 信息的施效

使信息发挥作用是研究整个信息的目的。人们通过获取信息、传递信息、处理信息、再生信息、利用信息等过程，让信息发挥效应；最终把处理好的信息用于实践当中；其主要的目的还是使信息发挥出其隐形价值和经济价值。

商业生态系统的数据的流动与循环促进了 C2M 模式的成立，也有助于"中国制造 2025"这一国家战略的实现。数据的协同与利用，使柔性化和数字化的服务得以实现，以数据驱动供应链的改造与传统企业的转型升级以及生态系统中各个企业间的协同与共赢。

工业和信息化部电子信息司副司长安筱鹏认为 C2B 是定制化生产模式，是工业 4.0 的逻辑起点。智能生产需要实现两种不同性质的自动化，一种是数据流动的自动化，CPS 是实现数据流动的一套规则体系。C2B 是互联网时代的企业的新型能力，如果说大规模生产是固定靶，那么移动靶是大规模定制，空中飞碟是个性化定制，而大规模生产很容易解决生产过程中的成本、质量和效率。

数据的循环流动如同水，是一个良好的溶剂，与各个液体均可相溶，也可渗透于生态系统的各个环节，滋养其健康发展。

总结

"互联网+"重构了商业间的关系，使商业间的关系更趋近于自然界中各物种之间的关系。在重构后的新的商业形态下，重新定义了企业、产品、用户之间的关系；由传统的"企业→产品→用户"之间的形态变为"用户→产品→企业"的逆向形态；更准确地说是 产品 ——→ 企业 的闭环生态模式。在传统的商业形态中，企业、产品和用户之间的连接是松散的，他们之间的交互是很弱的；在重构后的商业生态中，企业、产品和用户因为互联网基础工具的应用，使得他们之间的联系更加紧密、深入。企业变成了以用户为中心的服务者，企业更加关注基于场景下的用户或其他形态的用户的发声；产品个性化、多元化的形态在 3D 打印、大数据、传感器等先进设备下得以实现。

新的经济形态下，因为社交网络的发展，企业和用户之间没有多少环节，他们之间的关系变得平等化、紧密化。组织扁平化、结构网络化的新形态成为主流。用户不仅是价值的消费者，更是价值的创造者；将用户纳入价值创造的环节中，以用户的创新与创造为主要的生产力成为企业的核心竞争力，如红领集团和韩都衣舍等企业。

第4章

商业生态下企业的重构与重生

企业如何打造一个商业生态系统

前面笔者已经阐明了商业生态系统的定义、产生背景、特点、组成结构、功能等内容；那么，从商业生态系统的上述层面来看，企业该如何打造一个商业生态系统呢？笔者根据对近两年大量企业的案例研究，总结出了几种不同形态的企业商业生态打造的方法。

以乐视为代表的企业商业生态打造方法

乐视作为互联网公司的一支妖股，它是如何构建商业生态系统的呢？笔者总结如下。

打造互联网商业生态基因

商业生态是在人人互连、物物互连、万物互连的基础上产生的；所以企业要想打造一个强大的生态系统就必须具有商业生态产生的基因条件，深入了解商业生态产生的背景。

强连接属性

商业生态系统包括了诸多行业、诸多产业、诸多平台、诸多应用终端，这些应用或终端单个独立所产生的作用效果较小，必须将之与外部环境进行连接，才能体现出其应有的价值。商业生态必须具有强连接能力才能连接诸多用户、合作企业、合作平台等其他合作伙伴参与到生态系统之中。基于互联网技术，已经逐步实现万物互连，企业需利用互联网技术与互联网思维将产品与用户、产品与企业、企业与企业、用户与用户、用户与服务进行无缝连接。

开放、共享

苹果生态是封闭的，乐视生态是开放的；开放的生态需要企业领导者有极大的包容性，只有生态系统保持开放，各类企业以及用户才能随意进入，进而聚集多个物种，赋予生态系统多样的生态环境，通过开放合作引入资源共谋发展。通过平台的开放，获得更多行业的资讯和发展所需的资源以及根据平台类型所引入的相关价值伙伴，共享成果；通过内容的开放，引入更多的优质内容和营销资源；通过应用的开放，引入更多的应用终端，聚集更多品类的产品，满足消费者多种多样的需求；然后各"物种"相互作用，共同维持生态系统的稳定循环。共创、共享是生态构建成功的保障，否则其他企业为何进入你所构建的生态系统中？共享、共赢是聚态的前提，共享的目的是使资源有效地利用，使资源得到有效的配置，共享价值而重获价值是生态所带来的效应。

跨界能力

生态系统的多样性结构要求企业不能仅在一个领域中发展，生态型企业必须把传统工业时代的经济学理论的专业化分工打破，如乐视提出的用"平台+内容+应用+终端"的产业链垂直整合来进行用户价值的价值链重构。要把互联网的应用与终端、应用与服务结合起来，企业就必须有强大的跨界整合能力，打破产业边界、组织边界进行创新。另外，跨界也是化反的前提，不同行业间的生态化反也是建立在跨界思维和跨界人才的基础上进行的。

协同化反

各企业、各部门之间相互连接、相互作用，共同促进整个协同的正常运转，协同作用在企业的发展与行业的进步以及生态系统的进化中都起着重要的作用。因为大多数中小企业资源比较单一，难以独立完成某一产品或某一项目，必须与价值网中的其他主体进行信息、技术、人力等资源的互换或交易，即在价值创新过程中，企业之间也可以基于某一产品的理想目标而达成协同合作的共识，使创新的成本降低，弥补创新过程与所需要的资源，双方共担创新风险、共创价值。

企业之间的协同表现形式是签订协议或共同形成某种价值契约，从而在战略层面上达成一致，共同开发市场或共同研发某一产品。

因为各个部门或各个行业的相互交流与融合，所以企业时常会出现新产品、新变化、新契机，这就是化反！乐视在开放闭环的理念下，与多个强企业进行强强联合，从研发生产、供应链、销售服务、营销推广等环节整合手机的全产业链进行优势互补，如此必将产生强化反，实现共生、共享、共赢的生态效果。

在协同与化反的过程中，关键还在于数据之间的协同化反，内部之间的也好，外部之间的也好，内外部之间的也好；数据化反没有隔界。以数据之间的协同化反驱动创新，驱动发展。物联网是当今企业生产制造的一大关键技术，物联网的应用使数据来源变得有效而宽广，企业利用物联网和大数据技术强化数据资源，以利于企业协同化反的高效进行。

野蛮生长

企业在具有互联网生态基因的条件下可以快速借助各方资源，招贤纳士，努力前进，相互依赖，野蛮生长。企业在初期的成长阶段要特别重视价值的提供，对各方合作伙伴和企业内部都需给予利益或利益的期待，这样才能激发他们的激情，投入资金、人力等其他资源，进而成长为一个有核心竞争力、有较多用户群的企业。

拓展

生态系统的一大特点就是大，生态效应只有在足够大的情况下才能产生生态效应，企业有了一定的"能量"之后就可以开疆扩土了。

垂直整合

企业在生态构建的过程中必须有一定可信赖的基础企业和同行业、同产业的替代者，以防生态系统中某一重要企业的突然离开对系统造成损失，不断吸收新增顾客和风险承担者。找到最好的顾客、最好的供应商和最好的渠道，并在发展过程中一定要有序进行，根据企业的发展阶段，制定相应的营销策略或发展战略。确定企业的垂直整合战略，是"平台+内容+终端+应用"，还是"平台+创客"、"平台+应用"，或是"垂直业务+业务扩展"的战略，换言之，企业是整合产业链上下游资源，还是进行跨行业的垂直的整合。另外，企业在生态扩展时需充分利用已有的生态基因能力广泛连接，保持开放，勇于跨界。

横向扩展

乐视通过横向扩展生态在平台、内容、终端、应用各个环节的充分开放，使得资源得以进入、流出，强化外部合作伙伴，打破了企业的利益边界、资源边界、产品边界，在每个横向领域强化产品与服务的布局。具体来讲，就是企业依据每个领域的用户群体进行全价值链的布局。例如，乐视在内容领域的横向扩展有：花儿影业、乐视体育、乐视音乐、版权采购运营、乐视自制、乐视影业。

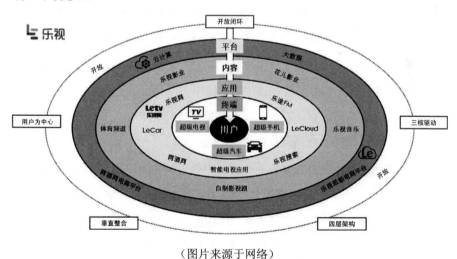

（图片来源于网络）

闭环生态

闭环的目的是聚合，如上图，乐视生态在以用户为中心的"平台+内容+应用+终端"的布局下每个内容全方位布局，但布局后又不是孤立的单体，而是相互协作、相互补充的，进而完善该闭环体上的内容。换句话说，每方面的布局都可以认为是一个产业，在产业内考虑到不同阶层、不同年龄段、不同种群的用户或企业，完善布局，形成闭环。闭环生态也指用户价值链的闭环，即用户在产品的浏览、推荐、购买、支付、售后服务、评价体系等形成良好的闭环模式。形成闭环内容或应用，用户体验会更好，闭环的效应使各行各业都可以进行实时接触与交流，加大合作与共赢的可能性。环状的生态可循环、重复、自生。

自身强化

无论是生态系统的构建者还是生态系统的参与者，要想在生态系统这个大家庭中长期生存，就必须强化自己，以免被淘汰或被替换。因为商业生态中一直都是强强联合，共同建立强大的命运共同体，以提高整体的竞争力。

新加入的合作伙伴在整个生态环境中与参与者或者领导者进行充分洽谈，进行职能分工，确定新加入者在该生态系统中占据什么位置，并确定其发展方向，依据个人能力而进行生存；为生态系统中的各个单体（用户、合作伙伴、投资商等）的平稳发展贡献力量。

生态系统的领导者最好是在一个行业中处于领先的位置。例如，BAT 分别在搜索引擎、电子商务、社交处于领先位置，且有强大的生命活力，足以去领导生态系统中的其他成员，关键还要在所处的行业中不断创新，大胆开拓，并能一直处于行业领先的位置，获取足够多的收益，以吸引其他成员加入。

前面提到在商业生态系统中既有种内竞争也有种间竞争，并随时都在发生淘汰与被淘汰的现象。这在整个生态系统中属于正常现象，是生态系统的自我更新。但生态系统中的成员要想长期在该生态系统中生存并受益就必须时刻进行自我强化，不断进行颠覆式创新，以创造全新的用户体验，而后彼此协同创造社会价值与生态价值。比如，2016 年 4 月 15 日，乐视公布今年生态"414 硬件免费日"全程战报：乐视全生态总销售额突破 23.6 亿元，其中会员总销售额突破 20.2 亿元（乐视超级影视会员和乐次元影视会员销售额突破 16.9 亿元/乐视超级体育会员销售额突破 3.3 亿元），超级电视总销量超 54.9 万台，超级手机总销量超 58.2 万台，智能硬件及衍生品总销售额超 8500 万元，乐视游戏中心 TV 版单日充值 109 万元/手机版单日充值 1073 万元，易到用车总销售额超 5400 万元，网酒网总销售额超 4500 万元，生态合作伙伴美的空调销售额近 100 万元，蒙牛嗨 MILK 销售额超 70 万元。"414 硬件免费日"乐视打破七大行业纪录：乐视生态破单日总销售额纪录；乐视会员破单日总销售额纪录；乐视超级电视破智能电视行业单日销量纪录；乐视商城破垂直电商单日电视销售纪录；乐视游戏中心 TV 版单日充值第一，超过其他平台月度流水总和；乐视游戏中心手机版单款网游 ARPPU 值及付费率行业双领先；易到用车破专车平台单日充值纪录。贾跃亭表示："互联网内容由免费进入付费，硬件价值衰减，产业价值链正在重构，用户的生态消费观逐渐形成，传统互联网时代迈向 ET 时代，共享生态世界，让每个人拥有自己的生态理想国。" 乐视的生态价值在短短几年就达到了如此效果，确实是知生态、建生态、赢未来！

以阿里巴巴为代表的企业商业生态构建方法

BAT 的商业生态的构建方法基本类似，BAT 三大巨头的商业发展情况是中国乃至全球互联网企业都关注的内容，它们的战略布局与所涉及的领域极大地影响了相关企业的发展情况。三大巨头的生态布局，不断扩张的商业版图，几乎占据了互联网的半壁江山；那么它们的商业生态是如何布局的呢？它们的生态布局方法会不会对你的企业的生态布局有所感触呢？笔者对 BAT 的商业生态布局方法总结如下。

强化已有基因，吸引用户

百度不断强化自己的搜索基因，阿里巴巴不断强化自己的电商服务基因，腾讯不断强化自己的社交基因，以吸引大量的用户群。不要让生态布局的野心将自身所擅长的领域给弱化了。毕竟它们都是靠这些起家的！已经建立的核心竞争优势是企业扩张的资本，企业唯有在某一行业中的商业基因是强基因时，方有可能影响相关业务基因的表达。

构建内部生态，黏住用户

阿里巴巴的内部生态

阿里巴巴不断构建并强化内部生态，增强用户体验，聚集大量用户，并实现了大规模的盈利。它的内部生态如下所示。

阿里巴巴内部生态

电商：淘宝、天猫、聚划算、阿里妈妈、全球速卖通、菜鸟网络、一淘等

房产酒店：极有家、天猫家装馆

金融：蚂蚁金服、网商银行

O2O：口碑外卖、淘点点、喵街

教育：淘宝教育、淘宝大学、湖畔大学

游戏：阿里游戏

硬件：阿里智能、天猫魔盒

汽车交通：天猫汽车、汽车生活 APP

旅游：阿里旅行、去啊

企业服务：阿里云、钉钉、菜鸟网络、阿里大鱼、阿里通信

泛娱乐：阿里影业、阿里音乐、阿里文学、阿里体育

阿里巴巴以淘宝网为基础，因为电商平台需要进行支付，于是支付宝就产生了；因为每天产生大量的数据，需要对之进行收集与处理，于是阿里云就产生了；因为要打造一个开放共享的平台供大量的企业或创业公司服务，于是就成立了阿里百川；因为要解决国内消费者的海外购物需求和正品保障需求，于是创办了天猫国际……以用户为核心，用户需要什么企业就提供什么服务，而且该用户群最好是多种类型的用户，最好打造出全方位的服务型生态企业，在生态的企业环境下，各个物种、各个种群相互协作，创造了 2015 年"双十一"的 912.17 亿元的交易额纪录。

腾讯内部生态

腾讯以最初的 QQ 为基础，不断强化 QQ 的手机端和 PC 端的用户体验，聚集了大量的用户群；在社交方面，QQ 和微信几乎覆盖了各个年龄段的人；90 后、00 后喜欢使用 QQ，非学生群体习惯使用微信。然后腾讯以社交为基础不断拓展相关人群的社交娱乐需求，包括用户社交的安全需求，看比赛、视频需求，听音乐需求，浏览网页需求，玩游戏需求，下载群体应用需求等，不断构建及强化社交娱乐需求。

腾讯的内部生态

社交：QQ、微信

游戏：腾讯游戏、微信游戏

泛娱乐：腾讯影视、腾讯动漫、腾讯音乐、腾讯体育、QQ 阅读、腾讯网、阅文集团

本地 O2O：微信公众号、服务号、微信支付

金融：微信支付、财付通、理财通、微众银行、腾讯操盘手

汽车交通：i 车生活平台、路宝盒子、车联 APP

医疗健康：微信全流程就诊平台、"糖大夫"血糖仪

硬件：微信硬件服务接口、路宝盒子、小小 Q、全民 WiFi

教育：腾讯精品课、腾讯课堂、小小 Q

房产：房产知道、区域频道、楼盘微管家

企业服务：腾讯云、腾讯开放平台、企业版 QQ 及邮箱、微信企业号

旅游：QQ 旅游

其他：应用宝

仅从微信来看，它也构成了一个微信生态：从单对单的即时聊天到多对多的群聊，再到单对多的公众号，给用户带来了全方位的用户沟通体验；在聚集大量的用户群后，开放电商、娱乐、金融等领域；微信从最初的原始单功能阶段到开放阶段的多功能体验，持续服务于企业及个人。（关于微信生态的资料来源：腾讯研究院。）

➤ "微信+" 的互联网生态

微信作为连接器，通过开放合作、资源赋能，使相关行业的服务和产品方便地接触到用户，提高用户的体验和品牌影响力，助力相关企业生存与发展，并带动各领域开放。微信带动金融业、服务业、农业、制造业、创业、人工智能、电子商务等产业转型升级、协同发展，互利互惠，达到生态共融。

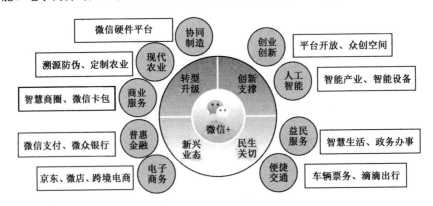

"微信+"互联网生态

> **微信"互联网+"生态系统**

微信是一个应用工具，更是开放平台，为平台内的各个合作伙伴和用户带来源源不断的能量。微信与各个领域、各个主体构成了统一的生态整体，相互影响、互利共生，达到相对稳定的平衡状态。微信从连接人与人、人与设备开始，到开放后利用已建立的强连接能力，广泛连接上下游的相关企业，开放的平台接入各行各业，共促产业的生态发展，服务于用户，服务于社会。

微信"互联网+"生态系统

> **微信生态系统进化论**

微信从平台的开放，借助其强连接基因，从万物互连到万物之间的互利共生，形成了种群多样性、生产力提升、组织均衡的进化系统。微信生态系统促进了社会经济环境和人为生态环境的价值传递与升级，一方面系统内万物生长，互利共生，实现物种进化、种群进化和产业繁荣；另一方面系统整体内处于动态平衡状态，螺旋上升，层层递进，实现系统进化。

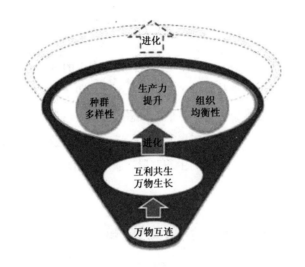

微信生态系统进化

百度内部生态

百度以其强大的搜索引擎技术为基础，秉承"用户体验至上"的理念，提供除网页搜索外，还有图片、视频、地图等多样化的搜索服务。在搜索服务的基础上衍生出社交、文化娱乐、金融理财、O2O 等服务；下面是百度构建的内部生态。

百度内部生态

社交：百度贴吧

企业/个人服务：百度搜索、百度手机助手、百度直达号

泛娱乐：百度视频、百度音乐、百度小说

硬件：百度未来商店、百度酷耳、Dubike、BaiduEye 智能眼镜等

金融：百度钱包、百度理财、百付宝

电子商务：百度 MALL、百度微购

汽车交通：智能自行车、无人驾驶汽车、Carlife 车联网解决方案

教育：百度教育、百度文库、百度知道、百度百科、作业帮、好大学在线

本地 O2O：百度外卖、百度地图、度秘

企业服务：百度直达号、百度云

旅游：百度旅游、知心搜索

医疗健康：百度医生、药直达

房产：百度二手房、百度乐居

游戏：百度爱玩、多酷游戏中心

百度在搜索这个强用户需求的基础上聚集了大量的用户，然后布局与之相关的社区服务（百度贴吧、百度百科、百度知道、百度校园、百度旅游、百度阅读等）、游戏娱乐（百度游戏、百度联盟、百度风云榜、百度分享等）、软件工具（百度浏览器、百度影音、百度杀毒、百度云等）、其他（百度钱包、百度地图、百度医生、百度外卖等），形成了全方位的内部生态。

BAT 各自所构建的内部生态吸引了大量的用户群、丰富的产品、多样的用户、各类的业务通过社区或社群发生反应，具有极强的用户黏性。我们无法离开自然生态，那么用"技术+产品+服务"而打造的足够强的互联网生态，也会使用户无法离开。

资本积累，扩张产业，布局外部生态

BAT 凭借其强大的刚性需求发掘到完美产品的打造再到内部生态扩张，已经积累了各式各样的庞大的用户群体，并通过一定的盈利模式的设计，积累了大量的资金。阿里巴巴在 2015 年财年收入达 1107 亿元，腾讯在 2015 年收入也达 724.22 亿元（未包括 2015 年第四季度数据，预计全年也接近 1000 亿元），百度在 2015 年收入也有 478.83 亿元（未包括 2015 第四季度数据，预计年营收入超过 670 亿元）。BAT 有如此庞大的资金，使其有足够的资本进行产业的

扩张与生态的布局，扩张的过程中要么是收购，要么是投资占股。

阿里巴巴的外部生态布局

阿里巴巴在构建好较为稳定的内部生态后，开始稳步扩展投资，构建出与内部生态相匹配的外部生态，内外相称相扶，共促整个行业的繁荣发展。

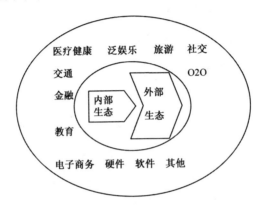

阿里巴巴的生态布局

阿里巴巴以电子商务为核心业务，在外部布局方面还涉及金融、本地生活O2O、文娱媒体、医疗健康、企业服务、游戏、教育、汽车、房产等多个方面。具体如下。

阿里巴巴外部生态布局

O2O：苏宁、美团、饿了么、点我吧、生活半径、墨迹天气、58到家、高德地图、滴滴快的、银泰商业等

金融：邮政储蓄银行、德邦证券、趣分期、数米基金、天弘基金、恒生电子、众安保险、36氪、金融资产交易所等

教育：365翻译、VIPABC、MySIMAX

电子商务：苏宁、银泰商业、五矿电商、丽人丽妆、妈妈值得买、易果生鲜网、圆通快递、美团网、一达通、日日顺物流、爱抢购、卡行

天下、万象物流等

房产酒店：中长石基、Nestpick

游戏：UC9 游网、1771 网游交易平台、KTplay 盟友网络

医疗健康：华康全景网、中信 21 世纪

硬件：魅族、微鲸科技

社交：新浪微博、陌陌、超级课程表

旅游：穷游网、百程旅行、游友移动、石基信息、酷飞在线等

汽车交通：高德、滴滴快的、接我云班车、车来了、Lyft

泛娱乐：华谊兄弟、优酷土豆、V 电影、虾米网、天天动听、新浪微博、21 世纪传媒、恒大足球、今日头条、芒果 TV 向上影业、正和岛、商业评论、虎嗅、36 氪等

国外布局：Snapdeal、Zulily、Jet.com、Fanatics　1stdlibs shopRunner 新加坡邮政等属于电子商务；还有 V-Key、Paytm、HetaPay、ThetaPay、Visualead、Peel、Sbrh、Quixey、Kabam、Snapchat、Tango 等

阿里巴巴的布局看似杂乱无章，实则无章胜有章，因为生态系统就是物种多样、混序而成的，生态中涉及各行各业，只要相互协作、彼此共促、相互竞争就好。

腾讯外部生态布局

腾讯所构建的复杂的生态网络，几乎涵盖了人类生活的各个方面。腾讯的大生态中有小生态，小生态里又包括了多类型、多年龄段的全方位布局，各个企业在生态中相互协作、共生共赢。其构建的外部生态布局如下。

腾讯外部生态布局

社交：知乎、南极圈、same、Hi 社交、朋友印象等

游戏：斗鱼 TV、天锋网络、互爱科技、乐逗游戏、赛亚人网络、华

夏乐游、龙珠直播、竞乐游戏、黑鲸网络、擎天柱、魔格游戏、星创互联、像素游戏、长远互动、任玩堂、晶合思动、华清飞扬、义乐信息等

泛娱乐：华谊兄弟、引力影视、中国网络电视台、喜马拉雅、创世中文网、云起书院、起点中文网、小说阅读网、新丽传媒、被窝音乐、红点直播、呱呱视频、创业邦、天方听书等

本地O2O：华南城、美团点评、京东、58同城、饿了么、e袋洗、e家洁、口袋购物、人人快递、爱帮网、妈妈网、零号线等

汽车交通：滴滴出行、易车、优信拍、人人车、天天拍车、修车易、车生活、蔚来汽车等

金融：中国邮政储蓄银行、陆金所、众安在线、人人贷、好买财富、乐刷、元宝铺等

医疗健康：丁香园、挂号网、健康元、妙手医生、卓健科技、晶泰科技等

电子商务：京东、买卖宝、汇通天下、人人快递、每日友鲜、最美花开、美丽说、好了买、珂兰钻石网等

硬件：微鲸科技、PICOOC、MagicWiFi、MemBLze

教育：跨考教育、金苗网、易题库、微学明日等

企业服务：安全管家、EC营客通、创通信等

旅游：同程旅游、我去旅行、面包旅行等

PS：同时腾讯在海外也布局了游戏、社交、医疗健康等

百度外部生态布局

百度在2015年的生态布局较阿里巴巴和腾讯动作稍微慢了点，但笔者相信百度在今后的生态布局中必会放大动作。

百度外部生态布局

企业/个人服务：91 无线、猎豹移动、卓大师、捷通华声、悠悠村、苹果园、随视传媒、华扬联众等

电子商务：萌芽宝贝、我买网、菠萝蜜全球购、万达电商飞凡网、知我药妆等

金融：百信银行、百安保险、宜人贷、爱贝云计费

汽车交通：Uber、51 用车、天天用车、优信二手车、道道通

本地生活：糯米网、e 袋洗、百姓网、客如云、美味不用等、河南沸点网络、趣活美食送等

企业服务：安全宝、16WiFi、华视互联、捷通华声、知道创宇等

旅游：携程、去哪儿

房产：安居客

教育：沪江网、传课网、万学教育、智课网

医疗健康：趣医院、健康之路

游戏：07073 游戏网、蓝港在线

硬件：上海汉枫、原点手机、百分之百数码

国外版图：

泛娱乐：Taboola、Tonara

电子商务：Peixe Urbano

广告营销：popln、lndoor Atlas

汽车交通：Uber

企业服务：CloudFlare、TrusGo、Pixellot

BAT 生态之争就是在游戏、文化娱乐、教育、电子商务、社交、本地生活、医疗健康、汽车交通、金融、旅游房产、企业服务、硬件等领域争夺优质资源之战，并在每个领域都进行较为全面的布局。生态中物种越多、行业越广，相互间产生的竞合与化反效应就越大。BAT 的内、外部生态的构建不仅是为了获得行业的垄断地位，更多是为了创造出一定的生态效应，从乐视的"414 硬件免费日"就知道生态的威力有多大了，而那也才刚刚开始。在生态价值的创造这一环节，BAT 还没进行深入挖掘。

数据流动循环，彼此协同，强化美好生态

百度以海量的数据为用户提供基于需求的"数据搜索"；腾讯通过数据连接各个服务与人、人与人、信息与人；阿里巴巴也利用数据重构了整个服务行业。在互联网时代，数据是最伟大的资产，数据因流动而产生协同或增生价值。阿里巴巴集团 CEO 张勇也表示：阿里巴巴从来没有将自己定位为一家电商公司，阿里巴巴是一个数据平台，今天的数据正在全渠道流动，阿里巴巴将从电商、供应链、消费者营销等多个领域入手，不断开创新的模式，用数据为商业合作伙伴创造价值。

企业在不断构建生态系统中，各个子系统相互竞争或协作，不同行业的数据进行融合化分析，使之产生协同效果或化反效应，增生出新的经济或新的业务，以增强各个企业的自身实力。同时，生态中的各企业也需要扮演好各自的角色，尽其所能，共同致力于生态的建设，进而强化整个生态系统。

数据只有流动起来才会产生一定的效应，碎片化的数据无法产生价值，数据发挥效应以不同行业或部门的数据融合为前提，使数据的深层价值被挖掘与利用，从而更好地服务于用户或合作伙伴。各个企业在自身所在的生态系统中积极分享数据，以数据驱动商业的发展，共同打造一个共生共赢的生态系统。因此生态型企业的核心工作除了进行产业的布局外，更重要的是建设一个大数据分析平台。

企业生态的布局更多的是为了获得各行各业的数据资源，从 IT 到 DT，企业的发展需要从单点上的突破或创新变为整合产业资源将相关行业的数据资源进行融合，驱动组织的创新和需求的匹配来激活生产力，创造出新的价值，并以 C2B 的商业模式来满足用户个性化的需求。

（注：关于本节 BAT 投资收购的企业数据来源于 IT 桔子。）

以海尔为代表的企业的生态构建方法

海尔作为家电行业领军企业之一，在由传统企业向"互联网+"的转型升级中，面向全社会致力于打造"智能家电"的社会孵化创客平台，颠覆了传统家电企业自成体系的封闭系统，以用户体验与需求为导向，打破企业边界和行业边界，各方资源协助共同为实现用户价值的最大化而努力，使其变成一个共创共赢的平台，并全力建立起以用户为中心的互联网生态圈。

笔者在了解海尔的企业发展状况后，对商业生态系统的构建也有了新的感触，具体如下。

多年沉淀，积累强大资源，并构建企业的资源云

海尔从单一的冰箱做起，不断扩张到家电通信、IT 数码产品、家居、物流、金融、房地产等多个领域；依托 U+APP、海尔七大互联网工厂、众创汇、海达源、HOPE 等平台，集聚了大量的资源，利用大数据和云平台等基础设施构建属于自己的资源云，并不断强化企业资源。现在海尔的平台上聚集了各方面的资源，有投资者、一流的研发资源、专家学者、模块供应商等。到 2015 年，海尔在册员工已从 8.5 万人减少为不到 6 万人，但为全社会提供的就业岗位超过 100 万个，真正成为大众创业、万众创新的电商时代平台。目前，海尔平台上已聚集了 4700 多家外部一流资源、30 亿元创投基金、1330 家风险投资机构、103 家园区孵化器资源。

开放体系，聚拢大量创客

生态是在开放的基础上建立的，开放的体系让创客自由进出。同时平台给创客提供足够的资源与福利，凭借其良好的资源与福利吸引创客入驻平台，这里的创客不论年龄、经历、是否有项目，只要有雄心的创业人士都可以停留在平台上。最好组织一个创客型社群，聚各方有志创客，同心协力做项目。平台提供资讯服务，及时发送各类资讯信息，让创客们知时事、明政策，以刺激其创业灵感。例如，海尔笔记本电脑产业曾经发展缓慢，企业和员工都遇到巨大的挑战。后来，有3个年轻人自主创业，激发灵感，通过和用户交互，把传统的制造笔记本电脑硬件与游戏产品联系在一起，打造了"雷神"品牌。创业之前，他们的生活非常窘困，但他们不满足于现状，在灵感力基因的驱使下，有了好的创意，但他们如果想正常启动该项目还缺少资金、团队等一些创业起步的必要条件，怎么办？海尔启动了对赌机制，也就是如果创业团队能够拿到一定的利润，海尔就可以与之进行利润分享。激发他们去尝试，去和笔记本电脑的用户交互，和游戏笔记本粉丝交互，雷神创业团队把笔记本电脑变成了游戏笔记本。雷神笔记本电脑之所以能够成功，很大原因是归功于海尔的平台支持，海尔内部的很多创业小微走的是轻模式，创业团队一般只关注产品的设计和开发，以及考虑如何与用户更好的交互；上下游由相应的工厂、物流和售后等在平台上共享得以解决。现在该团队不仅做游戏笔记本，还做游戏软件和电竞，向游戏产业发展。该团队独立成立了一个公司，每个人都成为公司的合伙人。

目前，海尔有近300名创客，内部孵化了200多个小微项目，涉及多个行业。因此，创客越多越好，越杂越好，最好涉及各个领域，有不同种类的创客；生态型的商业就要生态型的创客群体去构建。

资源支持，孵化各类项目

海尔于2014年和2015年大量裁员，但裁员后的人员并没有离开企业，而是自行组队成立"小微企业"，进行内部孵化项目。

海尔极力倡导"人单合一"的模式，将企业与用户形成一体，让用户参与到产品的设计、创意与研发的过程当中，企业为用户进行定制化生产。同样，"小微企业"的成员也可根据在海尔内部产生的影响，进行产品的生产与运营。项目绝大多数是由创客自己想出的，项目的发起人可根据项目的特点进行组队创业，当然想出项目的创客也可以将项目发布到平台上，让感兴趣或者有实力的创客去操盘该项目。平台只需要做以下几点。

①汇聚创客，进行创业（即打造创客云）。

②资源积累，孵化项目（即打造资源云）。

③资讯提供，激发灵感（即打造资讯云）。

平台企业只需要打造好上述"三朵云"平台服务于创客，并构建一套独特的折腾体系。具体如下。

创客云记录每个创客所擅长的领域，即能力要素；实时记录创客的实战情况，能力高者给予加薪升职以及优先提供实践机会，能力不足者淘汰；遵循自然界的竞争法则。因此，在这种机制下，每位创客就会不断强化自身能力，以求更佳的"待遇"，并完全可以实现人人都是 CEO 的梦想。创客在创客云中也可以自行组队执行项目。

资源云的打造主要是依靠平台企业，平台企业需要聚合各个领域的相关资源，拥有大量的资本去孵化平台上的各类项目，以提高创客的创业成功率。资源的引进需要足够的开放环境，这里的资源也是越多越好，并实时进行更新，保留优质项目。

资讯云是企业充分感知市场变化的工具，集中了全国乃至全世界的实时政策、每日最新时事消息、大企业的发展动态、技术的发展更新情况等多方面的资讯。企业可根据资讯云所提供的信息进行战略的定制和创客创意的激发。

例如，在海尔共创共赢生态圈里面有 3 种小微模式：创业小微、转型小微和生态小微。

创业小微

海尔的创业小微能够让每个员工都成为自己的 CEO，这是在大的创业环境下符合政策、符合人性的理念机制，通过对赌机制的设定，驱动员工创业的积极性。海尔平台通过开放资本、开放人员，让每位在册而不是在位，这样员工的个人才能可以得到充分的发挥，个人的自由不会被限制，每个员工都做着自己喜欢的事儿，做着自己认同的事儿，做着自己真正想改变的事儿。这样员工的创造力和灵感力就会大幅度提高。在海尔的创业机制中，只要是和海尔主业相关的创业小微，海尔就会占大股，成为股东，员工可以跟投，以强化自己的内部生态。与海尔弱相关的创业小微，海尔可以占大股，也可以占小股，以占股投资的形式去构建自己的外部生态。例如，海尔孵化出的与之强相关的创业小微雷神笔记本，孵化出与之弱相关的创业小微 Iseemini。还有一种创业小微，它们目前不需要平台的孵化，这些创业小微脱离母体，自我适应环境能力较强，自主创业，达到一定规模后，平台企业可以进行回购。例如，海尔家居孵化出的"有住网"，2014 年 7 月，几个年轻人自主出资成立这个公司，平台企业（即海尔）向他们提供可利用的资源和体系规章，所有的人力资源和生产资源都可以无偿使用，这使得其成长的速度和成功率大大提高。

转型小微

在海尔这个大家庭中，有大量的小微企业正在处于转型阶段，小微企业如何转型成功率会更高、转型机制该如何设定、转型方向该如何选择、转型路径该是什么等一系列问题困扰着转型企业。在这种环境下，转型企业首先应该转变价值理念。观念营销行动，当以促进新环境下企业生存为根本目的而建立起来的转型理念后，企业更容易转型成功。海尔企业统一价值理念：为用户创造价值；以创造价值后的用户付薪来驱动企业的薪酬支付，在海尔大的转型理念（即企业平台化、用户个性化、员工创客化）的影响下，转型小微也开始转变思路，从用户的需求出发，重新设定企业文化、组织模式及商业模式等其他影响小微企业发展的因素，将所有的资源全部集中，驱动员工和用户交互，支持员工共同为解决用户的某一痛点而努力，逐步将一个封闭的管理模式变为开放。

生态小微

生态小微在海尔中的理解是非传统海尔内部，而是开放生态中的小微。海尔通过吸纳外部资源，发掘更多的智能家居场景，吸引更多的优质项目，实现智能家居的全产业链布局，并实现用户、创客、风投多方共赢，推动智能家居产业的进化和迭代成长。

大学生创业

海尔作为一个创客加速平台，不仅加速内部员工，也吸引外部人才到海尔的平台上并加速其创业创新。据海尔副总裁王筱楠所述，在高校大学生创业过程中，海尔已经和清华大学、北京大学、山东大学等高校进行合作，联合进行创客加速；海尔与合作高校联合举办创业孵化大赛，鼓励真正有想法、有胆识的大学生进行激发潜能式的创业。只要有好的孵化政策，只要平台能够解决创客在创业过程中遇到的普遍问题，相信该平台上就必然会诞生好多创业项目。据了解，传感器感知生命的创意、蔬菜种植箱创意、海尔的社区洗衣等项目都在海尔的平台上产生。大学生只要有足够成熟的项目，海尔的研发团队和生产资源都可以帮助他们实现创意的变现。

海尔的那些"小微公司"创意连连，在海尔的孵化下诞生了雷神游戏本、天樽空调、均冷冰箱、空气盒子、鸿轩农业、日日顺等不同领域的产品。2015年，海尔有1160多个项目。同时，海尔平台上近3800多个节点小微和上百万微店正在不断努力实践着资本和人力的社会化，有 100 多个小微年营收过亿元，22 个小微引入风投，12 个小微估值过亿。

相互协同共享，构建生态

员工创客化，创客一般都具有超强的创业力与灵感力基因，在这两个基因的作用下，平台可以诞生多式多样的创业项目，随着创客人数的增多，完全可能产生并孵化出各行各业的项目；然后这些项目相互协作、互利互助，共享创意或数据，平台企业进行协调，以做强各自的创业项目；最后在以海尔"人单合一"的理念下，构建出以用户为中心的生态系统。

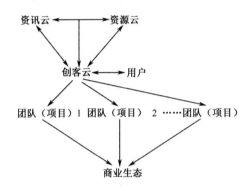

海尔商业生态构建简图

海尔的转型小微、创业小微和生态小微共同构建起海尔的内外部生态，目前海尔整个探索的阶段取得初步阶段性的成果。2015 年，海尔集团实现全球营业额 1887 亿元，近 10 年复合增长率为 6%；实现利润约为 180 亿元，同比增长 20%，近 10 年复合增长率为 30%，利润复合增长率是收入复合增长率的 5 倍。更重要的是，海尔模式转型的成果已在样板小微上得到了验证。高端品牌卡萨帝市场份额 2015 年已提升 165%，达到 6.1%；一批海尔小微形成引爆效应，并在模式破立方面形成关键性突破。

这就是商业生态的魅力。

一般企业的商业生态构建方法

在商业生态系统的定义中，笔者从"点—线—面—体（球）"的角度说明了商业生态系统的渐进式形成原因，这个原理也可以用到企业商业生态的构建方法上，步骤有造点、连线、绘面、成体、聚态。

造点

造点是个体价值创造的过程，价值是点；企业只需在其所在的领域全力经营，打造出产业链的最强个体，将价值创造发挥到极致。如今的大企业最初都是在造点上做得很好，才有了今天的成就。造点的能力和创业能力很相近，企业的造点能力很强，那么它的创业能力也会很强，呈正相关关系。至于如何提高创业能力，请回看商业基因之创业的相关内容。

一个生态网络中的一个"点"，从某种角度来看可视为一个企业，该点可与诸多企业发生连接；也可以反向思考，将该点视为多个企业因供求关系而形成的节点，通常企业的综合能力越强，它的连接能力也就越强；所以企业在商业生态中生存的第一步就是强化自有的基因，聚集大量流量，全力发展。

连线

企业连接能力的评判要素是企业经营业务的多少，一个企业经营的业务越多，该企业的连接点就越多，被连接的机会也就越多。所以不论是 BAT 还是小米、乐视、京东等企业所经营的业务都不止一个。一般商业生态企业所涉及的业务包含生活中的各个方面。

连接的基础是企业有被连接的价值；一个企业要想与其他企业发生关系就必须进行持续的价值创造，在价值创造的基础上谈合作。

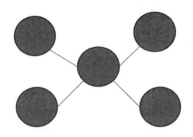

前面所述的两个原因是企业连接能力影响因素的内因，是指其中一个"点"的强化；另一个因素是渠道，一个企业能与另一个企业发生连接的另一个关键要素是可以找到并确定另外一个"点"，因此企业需要有相关的渠道找到这另一个"点"，找到的"点"越多可选择的机会就越多；如果两个"点"都强，则连接起来的"线"就越稳定。

通常一个企业与其他企业发生连接的原因有以下几点。

①某业务上的其中一个环节的不足（如营销、技术、渠道等环节）而发生的连接。

②多个业务多个环节的连接。

③因竞争而发生的合作或因合作而发生的竞争导致的连接。例如，京东与永辉超市的战略合作对抗苏宁云商与阿里巴巴的战略合作。

此外，企业有开放共享的理念也是其连线能力强弱的关键要素，任何构建生态的企业都必须保持企业的开放，包括业务的开放、平台的开放以及资源的开放。

绘面

绘面是合作双方进行的具体业务洽谈或战略合作而形成的具体利益关系或合作协议，包括将细节问题的落实等与之相关的问题。绘面所形成的面积大小关键看企业的业务量的大小与企业家的格局。利益平铺而成"面"，以合作、共赢、互助的心态去绘面，所绘出的面一般比较大。因为只有你给了别人想要的，才能得到自己想要的。

绘面的形式一般包括以下几种。

①资金或资源的互换，如我帮你解决了你的企业经营中遇到的问题，你给我我想要的资金或资源。

②股权交易，一般情况是在所经营的项目中给予一定的股权，即所谓的投资占股。

③直接收购，此方法比较直接，企业直接将对之有益的项目收购回来进行业务的布局。

成体

在商业生态中所说的"体"是多方利益协同的有机结合；构成多方利益协同的关键要素有开放共享、跨界能力、整合能力。

开放共享是为了使有需求的企业进入企业所构建的平台中，即引入多个物种，是主动的；另外一个方法是被动的整合，即收购。跨界是为了突破产业的边界；读者可以将"面"看作一个产业，只有在产业外找到一个"点"才能构建一个"体"。企业所跨属的产业越多，企业构建的"体"就越大。前面所述的 BAT、乐视、海尔、京东、小米所涉及的产业几乎包含生活的各个方面（尤其是 BAT），其所构成的"体"涵盖全国，甚至全世界。

聚态

"态"的关键是聚，即企业构建"体"后经过"聚"才能成为生态系统。

对于"聚态"，价值传递与数据的循环流动是关键。乐视的"协同化反"是聚态；BAT 的各个产业的数据流动与共享及各个产业的相互融合是聚态；海尔的自组织创客平台的构建与资源云的构建而成的自由协作创业及资源的支持与共享是聚态。

商业生态系统之战略布局

商业生态战略长存。

贾跃亭大呼未来 10 年中国企业将引领全球经济进入互联网生态时代。第一代互联网是商业模式的创新和技术创新，未来的技术创新和商业模式创新已经不能满足下一个时代的需要，下一个时代是生态的创新。

信息互连、能源互连、家居互连、物流互连等物物的有机结合将形成全新的网络体系；由点对点、端对端、面对面甚至体（球）对体（球）的连接在之后的企业战略中会经常使用。自生长、自适应、强存弱淘的全新商业生态特点逐渐呈现。

企业要想适应这种新的商业环境并与该生态共繁就需要突破传统的商业思维，调整企业的战略，重新定位自己的生态位，重构合作者的商业关系。

"战略"一词在商业生态中变得尤为重要，你的企业在商业生态中处于什么位置？是自己构建一个商业生态，还是参与到一个或多个生态系统中？你的企业商业生态布局是从哪一点切入？需要整合什么资源？是采用借助资本"疯狂"布局，极力竞争，还是努力强化自身，积极参与商业生态中与生态体共生共赢，一荣俱荣，一辱俱辱？

前面笔者深入剖析了 BAT 的生态系统的构建。以腾讯为例，腾讯在社交方面不忘强化已有基因，始终占有领先位置；然后开始布局内部生态和外部生态，布局涉及多个产业，包括游戏、教育、O2O、电子商务、金融、泛娱乐、物流、健康医疗、硬件、企业服务旅游等领域。其布局还逐渐渗透到全球范围。腾讯从行业的角度与开放的视角审视商业环境，开启了平台的开放、安全的开放、社交的开放、智能硬件的开放、各个接口的开放、地图的开放等，在不断的开放生态中吸引大量的企业、顾客、开发商、供应商、经销商等不同的物种入驻平台，以求其物种的多样性，使平台内各个物种自由组织、互换资源，并产生一定的生态效应。

中共第十八届五中全会提出五大发展理念：创新、协调、绿色、开放、共享。这是根据我国发展过程中的突出矛盾提出来的。坚持创新发展结合国内的经济形势与商业环境，解决国内经济的发展动力问题；坚持协调发展，解决发展中存在的不平衡问题，从整体出发全面开创新的发展理念与态势，促进经济的稳定增长；做到商业生态协同的圈式闭环发展模式，不偏不倚，不急不快，稳步前进。坚持绿色发展就是在国内必须进行一次生态发展议题，从切实行动出发，解决生态环境问题。在商业方面，企业家只有积极制定生态型发展战略和可持续发展模式，才能构建美好的生态文明和商业文明。坚持开放发展，不仅是我国需要积极融入世界经济，积极参与全球的经济治理；更重要的是，我国的发展应力求开放的发展模式，吸引更多的国内外的优秀人才解决中国目前存在的发展问题；坚持共享发展是如今互联网时代不可缺少的发展模式，共享发展才有利于促进商业的文明发展，才能解决中国的发展不平衡问题。共享经济，全员参与；绿色经济，长远发展。

五大发展理念互相贯通，互相促进，是一种生态发展理念。

生态型发展战略需要国内的生态型的政治形势；全员的发展与国家的发展相一致，紧抓趋势。战略跟着政策走，政策跟着环境走。

在商业生态战略布局方面，企业的生态战略可分为共生战略、捕食战略和竞争战略。

共生战略

共生战略简单来说就是你的企业需融入一个或多个商业生态系统中，即共生战略包括组织协同共生与战略协同共生。组织协同共生是指各个主体之间有高效和可行的流程为某一价值的创造而形成某一项目组，协同各方力量，共创某一价值。同时，每个主体的进入与退出都有一个协议，包括责任分工、风险承担、利益分成等具体事宜，以避免不必要的麻烦。战略协同共生是指多方企业之间为了某一共同的利益目标而形成的战略协议，协同双方或多方力量共同进攻某一市场或共同创造某一价值。所以企业应在该生态系统中扮演好自己的角色，发挥自己的竞争优势，与生态系统共同进退。该战略的关键在于企业要有自己的特色和能力，协同为用户创造价值，实现生态系统的整体价值最大化。中小企业一般采用该战略比较好。

共生共赢是该战略的主要特点，是实力相当的两个或多个企业之间的共赢战略。共生战略实行的关键在于企业找到发展所需的互补合作伙伴，双方形成一种优势互补、互利共赢、相互依赖的关系。例如，石油与汽车产业互为共生关系；在传统的专业化分工和单一化生产业务的形态下，企业之间的共生战略尤为明显，一件产品的生产组装可能需要多个企业之间互助才能完成。

生态型企业的共生战略是企业长久发展与稳定发展的必备战略。商业生态的构成原因就是生态系统的各个主体相互协同与共赢而成的共生体，共生的核心是价值的共造与共享。

捕食战略

捕食战略的制定适合于大型企业。大型企业野心大、能力足，完全可以借助资本，极力"追捕"，吞并企业，整合资源，获取能量，为我所用。2014 年以来，国家从政治层面不断发布支持企业兼并收购，以促进企业的资源整合，实现快速发展，提高企业的竞争力。BAT、IBM、乐视、Google、亚马逊等大企业都采用了该战略，该战略的实施要求企业的捕食不能专一化，需广泛涉猎，最好渗透到各个行业。

竞争战略

竞争战略是一般企业都拥有的战略，在前面的内容中对于生态系统中的竞争已经做了详细说明。在大中小企业中都存在竞争关系，企业必须有竞争战略意识，提高警惕，不松不懈。该战略的关键在于企业要深入了解所在行业，包括行业目前的发展状况以及未来的发展前景，了解竞争对手，可采用跟随战略，也可采用超越的战略，关键在于自身的能力如何。

"现代竞争战略之父"迈克尔·波特提出的 5 种竞争力模型和 3 大一般性竞争战略可供参考。

竞争力模型

竞争法则可以用 5 种竞争力来具体分析，这 5 种竞争力包括：新加入者的威胁、客户的议价能力、替代品或服务的威胁、供货商的议价能力及既有竞争者。

这 5 种竞争力能够决定产业的获利能力，它们会影响产品的价格、成本与必要的投资，也决定了产业结构。企业如果想拥有长期的获利能力，就必须先了解所处的产业结构，并塑造对企业有利的产业结构。

一般性竞争战略

每个企业都会有核心竞争力，即有许多优点或缺点，任何优点或缺点都会对企业的经营成本和竞争能力产生作用。成本优势和差异化都是企业比竞争对手更擅长应用 5 种竞争力的结果。企业竞争位置的 3 种一般性战略分为总成本领先战略、差异化战略及专一化战略。

"总成本领先战略"要求企业必须采用轻运营模式，借用网络效应，建立起高效、规模化的生产设施，全力以赴地降低成本，严格控制成本，总成本低于竞争对手。以成本优势抢占用户，以取得竞争优势。

"差异化战略"是指公司提供的产品或服务与相关企业有一定的差异化，具有自己独特的内容。实现差异化战略可以有许多方式，如设计名牌形象、保持技术、价值创造、特色服务、供应模式及其他方面的独特性等。最理想的状况是公司在几个方面都具有差异化的特点。

"专一化战略"是指主攻某个固定的顾客群或某产品线的一个细分区段或某一地区的细分市场。集中兵力，采用独特的战术，攻打市场。

竞争优势是所有战略的核心，企业要获得竞争优势就必须做出选择，必须决定希望在哪个范畴取得优势，全面出击。

企业在战略实施上，可能同时实施两个或 3 个生态战略，这需要看发展现状，按需而定，稳步前进。例如，乐视目前所采用的生态战略为三者并进：采用共生战略与 TCL 进行优势互补和资源互补，双方共同促进各产业的发展；乐视与小米、优酷、土豆等企业之间存在竞争关系，企业实行的竞争战略使企业长期处于紧迫感，可使其不断前进；乐视在生态布局方面也进行了投资与收购，如花儿影视、乐视新媒体、易到用车、章鱼 TV、国安、猫眼电影等。

基于商业生态下的战略布局还应注意以下几个方面。

①必须是开放体系。开放方可共赢，"赢"是"共"的前提，"共"的实现必须在开放的基础上进行，即做生态必须先做开放平台。

②必须有一个云有化数据处理平台。乐视有乐视云，腾讯有腾讯云，京东有京东云，百度有百度云，阿里有阿里云……因为在商业生态系统中每日会有大量的数据产生，数据的处理及数据之间的协同与化反大多数依托于云有化平台。

③生态布局宜广不宜少。当然也不是越多越好，如 91 金融只在金融领域进行布局，这是针对小生态而言的。

在上述条件的基础上，然后考虑以下几个方面。

①确定主战略。例如，阿里巴巴的主战略是连接人与服务，百度的主战略是连接人与信息，腾讯的主战略是连接人与人。

②确定主业务。例如，腾讯的主业务是社交，阿里巴巴的主业务是电子商务，百度的主业务是搜索……而后在主业务的基础上打造平台化企业。

③布局与主业务相关的领域。例如，阿里巴巴在电子商务的基础上又布局了与之相关的支付业务、物流业务、大数据业务等。

④增大野心，战略升级。变为连接一切的战略而后进行相应的布局，这就涉及商业生态的打造方法了，具体请看企业如何打造商业生态的相关内容。

每一个领域，每一个子生态，其战略布局应细致入微。产品受众是什么？月产品推广（销售）定为多少？地域目标在哪儿？要不要扩展？其中的哪个子生态是不盈利或亏损，哪个子生态盈利？哪个领域做，哪个领域不做？等等。

生态的威力是强大的，强大的生态需要强有力的人才去执行并建立，因此互联网生态人才战略也要调动全球的顶尖人才，改变组织形态和商业模式，让用户享受生态所带来的价值。（互联网生态下的人力资源模式后面会进行详细阐述。）

基于商业生态下的产品运营

产品好用户不一定来，怎么办？

要将产品融入生态型企业并做生态化运营！

从事移动互联网行业的人都知道，产品运营在产品从种子期到成熟期是尤为重要的，那么怎么能做好产品运营呢？下面谈谈生态型产品运营方法有哪些。

首先看看什么是生态学，生态学是研究生物与周围环境相互作用的科学！那么如果我们把产品视为生物，生态学就是研究产品与周围环境相互作用的科学。所以首先确定产品的适用场景和适用人群，也就是找到用户在哪里，然后确定用户画像，对用户进行访谈、分析等方面的工作。产品是根本，场景是核心，然后运营做的就是尽可能让产品和场景产生链接，发生关系，相互融合！生态还被广泛比作自然的人或物，那么运营可按以下几点来做。

产品要有黏度

产品要有黏度包括：

（1）产品设计要完美；

（2）产品价值观要明确！

具体来说就是种子期产品功能要简单，明确核心功能点并且产品的用户价值观要体现出来；快速增长期核心功能要不断迭代，产品的价值观要明显；平台期需要根据用户反馈增加新功能，产品应用要流畅，价值观要逐渐深入人心！

在微信产品 1.0 发布时，它的核心思路是：能发照片的免费短信！在 2015 年 5 月 10 日，微信推出的第 2 个版首次推出语音对讲功能，给微信带来了巨大的用户量！其价值观"以用户价值为依托"初次凸显！微信 3.0 推出了"摇一摇"功能，3.5 版本推出二维码（通过扫码即可实现加好友支付等功能），让微信更有趣、有创造力，增加了现实价值！当其演化到 4.0 版本时就构建了一个允许用户将文字、图片、音乐、视频等资讯发布朋友圈并对评论的看见范围做了调整！随后推出订阅号，"让创造发挥价值"的观念初步显现，进入 5.0 版本后微信支付、表情商店、游戏中心、扫描翻译、街景等功能逐渐出现，让商业存在于无形之中！在之后的几个版中，本其产品体验更加好，堪称完美终端，价值观也逐渐深入人心！

场景要有温度

首先基于场景的环境要优美（包括地理环境、装饰环境、人文环境），好的地理环境和装饰环境用户才有兴致或心情使用产品，这也是为拉新和留存做准备工作。需要设计产品关于该场景的一个故事，唯有故事可以发动人，让用户产生共鸣和记忆，促进产品的传播与拉新，这样产生的用户是自然而来、自然留存的，是生态的，这样的用户黏性高，忠实度好，转化率高！

这里的产品价值观就是情感，这个情感既可以拉新又可以留存，还可以产生促活，关键是价值观的使命和愿景要崇高！温度还表现在对用户的深切关心上，哪怕是一个小小的问题都要耐心解决！营销的最高级别是不营销，而是让产品极具魔力，让产品做营销的事！生态型企业的产品与场景彼此制约、相互依存、追求平衡、适可而止！让产品与场景互依互存！抓住信息点与场景点，赋予信息标签，与相关场景相吻合！

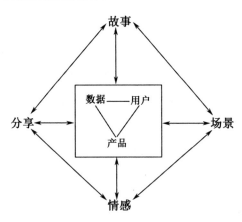

产品运营生态图

产品有生命，好的产品有自己的文化和温度，这样的产品用户更将之视为"家"，能够感受到产品的温馨；有温度的产品的核心是实实在在为用户创造价值，紧紧抓住用户的心理，从灵魂深处感知用户的需求。根据场景做产品，根据心理造温度，时不时地给用户创造惊喜。

运营要有广度

互联网让人与人、人与信息、人与商业更好地连接，可以突破地域空间限制，人与人因为爱好、价值观、职业等因素连接在一起产生社群！社群是用户聚集地，是分享地，是反馈交流地……社群可以做到同步交互，跨越式连接，用户实现了绑定，同时也加强了用户与产品的信任背书；是用户的聚合池，所以从博客到微博再到微信，从小众到大众，从线上到线下的运营广度大大提高，多平台共同发力，整合资源，打造多元关系网络！黄太极、饿了么等将用户使用的场景与产品连接得很紧密！利用了社群化运营生态，既可以做到以用户为中心，又可以做到以业务为中心，实现存留，达到转化！典型代表有探路者。探路者以用户为中心，利用社群形成流量入口，用极致的产品打造用户的口碑，来做业务的转型。探路者从经营装备到经营用户，提高用户黏性，探路者作为上市公司，从户外品牌商向户外生态的运营商变化，欲建立起一个社群型生态。

企业可通过内容运营、活动运营、新媒体运营、渠道运营来扩展广度。

①内容运营的关键是制造出与场景相关的故事，并通过编辑、组织、润色，最终呈现在网络平台上，从而提高互联网产品的内容价值，有价值认同和场景故事的内容易于传播。乐视就是在全力打造自己的内容生态，以内容吸引用户，进而实现其他产品的转化与收益。商业生态中更注重内容的运营，内容保证最优化与最新化以及用户的受欢迎性。生态中的影视、文学、游戏等具有娱乐性的内容是 BAT、小米、乐视等企业长期争夺的资源。商业生态中的内容是核，就像草原生态系统中的草一样。因此，商业生态中内容应广泛布局，尤其是泛娱乐类的内容，以提高用户的黏性。

②关于活动运营，首先要找准场景，观察场景人群对应的行为习惯，然后以"吸引用户关注，拉动用户贡献，强化用户认知"为目标，以用户需求的场景和用户关注的热点及用户逐利的心理来设计活动的流程；所设计的活动尽量好玩有趣，并在活动的设计中最好融进产品的理念或者价值观，感化用户。例如，支付宝的集福活动，其活动的类型是游戏；活动的目的是建立用户之间的关系，为后续的社交化做准备；切入的需求为逐利、有趣；最终却得到了较好的效果。

③关于新媒体运营，关键在于时事热点的抓住与利用，在热点的内容中切入产品的某些功能介绍或者产品的价值观，还需注意用户画像的分析、文案的编写能力、海报的设计能力、营销的技巧，以及创新话题的切入等其他基本要点。

④关于渠道的运营，其关键点是掌握大量的线上和线下的资源。如广点通、百度竞价、搜狗竞价、百度联盟、导航广告、视频广告、电视广告等线上的渠道，线下的渠道有地铁广告、报纸广告、公交站牌广告、路标广告等。

数据、用户、产品的一体化运营

生态型企业具有多产品、多用户、数据广的特点，不同的产品拥有不同的用户，用户的产品选择具有潜在性，运营者通过数据分析把用户的潜在需求挖掘出来并进行实时推荐；产品型社群的构建、用户的有温度的运营、相关产品在不同用户群中的推荐与引流是一体化运营的关键。

基于场景下的产品布局与产品关联是生态型企业运营必须做的一步；此方法可使用户的黏性及转化率大大提高。

用户的洞察与整合、产品的分析与拓展、数据的分析与利用是生态企业的运营方法。产品的研究与拓展是指运营者需充分掌握产品的形态，确定产品的适应人群以及对与之相关的产品的调查与分析，并确定产品的相关产品。用户的洞察与整合是指根据产品所对应的人群进行用户的洞察，并分析其与产品的目标用户是否一致，确定一致后进行用户的整合，而后采用社群化运营模式来运营相关用户。数据的分析与利用是指通过核心的数据分析，利用分析结果将相关产品在恰当的时间推送给对应的用户。

近期，乐视和联通提出生态运营商机制，就是通过两者的运营优势，进行互补，来实现用户的更优化体验；将联通的渠道优势与乐视的内容优势和终端优势结合起来打造生态化的运营机制。冯幸表示：乐视与联通不仅要打造"流量+资费+会员+手机"的一站式服务。超级手机、超级电视、乐视生态的衍生品以及乐视的各种服务形态将进驻联通运营厅，打造生态服务型营业厅。乐视通过此次的合作运营将展开产品的大规模运营，通过此次的战略合作实现大量的用户踪迹，获取更多的产品运营数据，以此展开一体化的运营管理。

韩都衣舍也是一个真正的生态运营商。如在第 1 章提出的韩都衣舍的单品全程运营一体化策略，每一款产品从设计、生产、销售都以"产品小组"为核心，企划、摄影、生产、营销、客服、物流等相关业务环节配合，全程数据化、精细化的运营管理系统，"多款少量，以销定产"，最大程度地发挥互联网的优势，建立了"款式多，更新快，性价比高"的核心竞争优势，还有效地解决了服装行业最为头痛的供应链库存问题。在这种经营策略下，围绕"产品运营"这一核心，产品小组之间独立运营、独立核算、相互竞争，在企业的整体规划下独立开展业务。目前，韩都衣舍有300个产品小组，每个产品小组通常由3名成员组成，岗位角色包括设计师、商品制作、订单管理等，产品设计选款、订单管理、页面制作、打折促销等非标准化环节全权交由各小组负责。产品小组模式在最小的业务单元上实现了"责、权、利"的相对统一，是建立在企业公共服务平台上的"自主经营体"。

另外，韩都衣舍（或红领集团）以数据驱动为特色，建立大数据平台，整合资源，通过数据的利用进行有目标、有温度的多方位传播。在传播的过程中与用户聚合，进行用户运营；实现公司传媒化、营销数据化和以网红为主的人格化运营。其次，韩都衣舍的服务型运营采用的是对于线下大品牌用新品牌做增量，不做代运营，如与探路者和九牧王的合作是以成立合资公司做新的商务品牌的运营。对于线上线下的中小品牌以代运营为主，如为中老年女装品牌"葵牌"做代运营。对于海外品牌做跨境电商，与韩国运动鞋品牌谈成合作。最后韩都衣舍还成立了孵化器，以做品牌平台的方式来孵化互联网品牌。

综合来说，产品的生态型运营在不同的环境、不同的时间以及不同的产品采用不同的运营方法，运营者需要掌握多种运营技巧，适时根据所需进行运营，目的是使产品、数据、用户、场景、情感、故事相互融合，相互依存，共同将产品运营良好，使其顺利进入市场，并广泛的接入市场。

生态型产品运营不提倡烧钱补贴模式，笔者认为那样得来的用户非自然而来，到时候只是钱完了，人走了！真正有价值的是踏踏实实做好产品体验，研究产品和场景，思考怎么样可以更好地让产品跟场景（场景环境和场景人群）发生融合！

商业生态环境下企业的营销秘诀：共生营销

当今商业环境持续变化，在新环境的商业背景下，企业生态化生存已是必然。互联网的新基础设施（云、网、端）、企业的新生产要素（大数据）、新的结构（大规模协作与互助共生）是促进新经济增长的主要驱动要素。在这些新的背景下，企业上下游之间的相互连接，各个相关企业之间的相互合作已变得比较容易。

腾讯董事会主席、执行董事马化腾先生讲：腾讯渴望生长进化为一个共享共赢、没有边界的生态型组织，连接一切是一种具有普惠价值的商业服务能力；"互联网+"可以赋能于最微小的个体，以新型生产力激发社会创新力。展望未来 5 年，用户、员工、合作伙伴三者的边界将可能被逐步打破，形成一种"你中有我，我中有你"的共生长状态。

这种"你中有我，我中有你"的共生长状态，我们称之为共生系统。有资源、规模较强大的企业已经开始构建自己的生态系统，生态系统的构建很大一方面原因是为了多个共生企业可以生存得更长久。毕竟当今的商业环境变化太快，单个企业的生存实为艰难，企业推出新品容易，新品的销售情况成为企业是否能够长久生存的重要因素。销售，营销为主！

传统企业的营销存在诸多问题，主要有以下几点。

（1）企业的铺货（即物流）效率低下，对市场的需求把握不稳，时常出现积货或缺货的现象。

（2）企业无法或较难获知消费者的基本信息，较难找到目标群体。

（3）企业之间的信息存在较为严重的不对称情况，渠道选择较为单一，商品选择也比较有限。

（4）用户使用流失较为容易，使用产品的黏性较低。

（5）企业的产品营销受政策影响较大。

（6）企业的资源瓶颈或创新瓶颈很难突破。

互联网的普及程度较高及互联网生态的兴起，极大地提高了企业之间的连接度与经济的运行效率，多方企业协同的情况满足了很多之前无法满足消费者的需求，产品的制造变得简单易行。因此，乐视造车也不是简单地说说，其造出的第一台汽车惊呆了现场的所有人。

生态型的企业可以聚合一条产业链上的多方合作伙伴或用户，也可以聚合同一人群所需的大多数产品，当然也可以聚合不同人群所需的不同产品（产品之间最好有一定的联系或不同人群之间有一定的联系）。因此，在生态企业中企业的全渠道运营或全品类营销变得可实施。

上述情况皆属于聚合效应，聚合后的各个企业之间的共生关系中可发掘诸多的营销创新，这种在共生系统中而发掘和使用的营销方法笔者称之为共生营销。（共生营销的理论可以追溯到1966年，艾德勒在《哈佛商业评论》上发表的《共生营销》文章中首次提出了共生营销的概念，之后国内外学者对此做了进一步的研究，共生营销、合作营销以及协作营销等有关营销合作的理论层出不穷。）"共生"一词是生态学中的概念，共生又叫互利共生，指多个生物之间彼此生活在一起，互助共生；多个生物联合在一起，共同抵御外界环境的变化，共生既是一种组织状态，又是一种生存状态；在互联网生态环境下的共生营销可以再次被高频使用。

由共生营销所产生的影响往往比单方面的营销所产生的效应更大，毕竟群体的力量是无法想象的，尤其这些群体成员由各行各业的强者组成，其更能产生惊人的效果。2016年6月1日，阿里和苏宁在北京召开联合发布会，双方合作发布"三体贯通"战略（三体指品牌商、零售商和消费者），在未来的3年，双方围绕激能"品牌商"、赋能"零售商"、服务"消费者"掀起新一轮的融合战略，为"三体"提供更优质的服务以及创造更好的综合体验，推动中国制造的转型升级，强化现有的零售业格局……阿里与苏宁所构建的生态联合体系已在市场中占有一定的零售市场份额，这份额多数是由这些联合体的共生营销所产生的。在生态型企业中，共生营销是企业必须使用的营销策略，否则你辛辛苦苦构建的生态系统没有让其发挥足够的效益，那是多么可惜的一件事。

在云计算、互联网、智能终端正在成为人们的基础设施时，多屏连接或多终端连接而形成的跨界组合成为常态。在跨界与非跨界组合中的共生营销有哪些竞争优势？共生营销该如何操作？其特点和类型又是什么？笔者思考总结如下。

共生营销的分类以及各类营销体系的建立

从生物学角度来讲，共生可分为互利共生、偏利共生、寄生；不同的企业类型在不同的阶段可采取不同的共生营销策略。

对于互利共生营销

互利共生是两个或两个以上的共生体中，多个单体之间资源的互补互利、相互协同而起到共赢共进的作用，其目的可降低企业的生存成本，提高生产经营效率，增加市场的竞争力与扩张力。

可根据产品类别来建立营销体系

这是较为常见的营销策略，各大商场都将同一类产品放在一个区域销售，如各大商场将烟酒类、生鲜类、服装类、生活用品等商品分类进行出售，这是范围较大的互利共生营销体系。以某一产品为中心而建立的类似产品的产品集合而后通过大数据进行精准匹配与推荐，这一类型的营销策略多见于线上商场和购物类 APP，如天猫、京东、苏宁易购等网站或 APP，当你购买某一产品时系统会自动推荐与你购买的产品品类一致、价格相近的产品。如此，可增加产品的丰富度、减少消费者的挑选时间；当然也可以建立某一产品具有相关关系的产品集合，这一产品集合的建立关键要了解某一类消费者的内在心理需求。例如，在中国的饮料市场娃哈哈将可乐和咖啡结合在一起而创造出"咖啡可乐"，一时间大受消费者的欢迎。

以消费者为中心的产品的共生营销（广义）

企业以消费者为中心而开展营销活动，将顾客价值最大化作为企业建立共生营销的出发点；企业为了满足顾客价值的最大化需要，通过互联网基础设施来寻找合作共生伙伴，通过共生系统中各成员的共同发力来满足消费者的消费要求，以实现消费者的最优化体验。企业共生系统建立后，通过不同地区、不同擅长区域、不同的资源来应对某一群体的消费变化和市场变化，并随时将各个区域或组织的市场感应或研究成果回馈给共生系统，以适应不同经营环境或各个生存要素的能力，做到有福同享、有难同当！

因此，企业的共生营销活动因在上述情况下进行，企业建立以消费者为中心的 B 端社群和消费者这一 C 端社群，通过 C 端社群感知消费者的视角转变情况或消费升级情况，通过 B 端社群来解决消费者的需求问题，共同合力开发相应的产品。B 端社群和 C 端社群共同组成了一个共生系统，可实现品牌与用户之间亲密的互动。

以特定的某一人群为中心的产品共生营销
（或称以用户为中心的产品生态圈）

这一策略是，企业首先通过某一产品聚集大量的消费者，而后专门研究该类群体的多样需求；企业可根据消费者多样的需求找到对应的生产厂商来生产对应的产品，进而满足需求！换句话说，企业先圈定某一目标人群，然后设定符合该类群体的价值理念，而后根据该价值理念去开展相应的营销活动；企业根据特定人群的需求链找到对应的产品链，根据产品链确定共生营销组合。

跨行业的品牌（或产品）共生营销

跨行业的品牌互助共生营销是互联网生态时代的主要营销方法，因为每个行业所聚集的用户不同，但每个消费者或多或少会有一些共性的需求，多个行业间的联合互助营销可使每个行业的受众人群一下子倍增；基于这种情况，企业间的多屏互助营销使产品的销量大大提高。例如，王老吉的品牌通过与古装武侠剧、吉祥物、二维码等新鲜元素结合在一起，以到达娱乐性目的，更有助于营销。这不仅在包装上突破了统一模板的标准，使用"一罐一码"的视觉营销技术使品牌与消费者互动更有效、更便捷，效果也惊人；在 2015 年夏季的"越热越爱王老吉"的互动活动中，曝光量达到 35 亿次，活动页面总浏览量达 2000 万次，通过条形码互动人数达 200 万。在大数据时代，企业间的边界越来越模糊，跨界融合式的共生营销更有助于合作双方品牌的影响力。

在消费者的需求多样化、个性化的时代，企业的创新突破靠的是不同行业间的相互融合，在融合后的共生共进以取市场是这个时代的营销秘诀。在融合的过程中充分利用双方或更多方所获取用户的数据进行大数据分析挖掘和判断消费者的购物习惯及潜在需求，并了解消费者的相关需求而进行融合。

在跨行业的共生营销的过程中，企业可完全突破现有的合作范畴，大胆跨界，找到可融合的单元，尽可能地塑造出新鲜的、娱乐的、可吸引眼球的元素，以吸引消费者。

互补式共生营销

互补式共生营销是较为生态化的营销方式，企业找出自己的营销盲点（或弱点）和优势，然后寻找另一个可解决其盲点的企业（不分行业），而他们所遇到的问题恰好是我可以解决的；企业利用这种优劣式而进行的营销方式称为跨行业的互补式营销。典型的例子是苏宁与阿里的战略合作后，红孩子、Laox 等品牌入驻天猫；苏宁的线下门店与阿里的线上体系和物流体系实现深度对接，两者互助营销，实现业绩的增长。还有乐视和 TCL、京东和沃尔玛等的互补互助式的营销。

对于偏利共生营销

偏利共生在生物学上指两个物种之间对一方有益而对另一方无害的相关关系。

对于偏利共生营销主要在一个企业文化中主张"关爱、开放、互利"的平台型企业，或者有足够的资源来助力小微企业的发展的一类企业所常用的营销策略。这一类营销方式也可作为平台型企业的盈利方式，即大品牌孵化小品牌，大平台滋养小企业，由于完全对小微企业有百利而无一害，因此会吸引诸多"物种"来到大平台。乐视在"414硬件免费日"助力生态合作伙伴美的空调销售额近100万元，蒙牛嗨MILK销售额超70万元；韩都衣舍电商集团成立智慧蓝海时尚互联网品牌孵化基地，帮助更多的小品牌成长；另外比较常见的就是天猫、京东等线上商城（或APP）可供小微企业在其平台售卖产品。在互联网生态环境下，生态型企业帮助较为弱小的伙伴成长也是其重要的任务之一。你帮助我成长，我长期在你的生态系统中扮演好我的角色，为系统做出一定的贡献，这是生态中"爱"与"责任"的力量。

对于寄生营销

寄生是对一方有利而对另一方有害的生物关系。在商业生态中企业之间的来往多由于互利合作或竞争，寄生共生基本是由于企业间的竞争而引起的，即我在你平台上寄生并在你的平台中获流量与目标的消费群体，从而使你的平台中的流量减少，这种关系是短暂的，一般是小微企业在初期的成长过程中借助于大的平台企业，当其成长到一定的规模时还得脱离平台而独立成长。

共生营销的特点

共生营销先聚后融

聚是为了达到聚合效应，聚合效应的一种实现方法就是共生营销。企业在聚合一定的资源后，甄别出产品属性，建立一定的共生组合，而后找出共生组合的相同元素和不同元素，思考策划出产品的可融合单元，最后进行相应的营销活动。

共生营销是较为生态化的营销

企业通过共生营销可减少市场上不必要的斗争，提高营销效率，促进企业的可持续性发展，促进产品的销售，实现多方共赢。

共生营销可提高企业的竞争力

因为共生，一切关于共生的营销活动都关乎企业的发展，所以各个企业会尽其所能地开展共生营销活动；力量多，尽全力，所以竞争力就会大大提高。

共生营销驱动企业进化

在共生系统中，企业的一切活动都是围绕消费者的需求而进行的，各个企业是一个共生体。如上文所述，共生体可提高对市场的感知能力，掌握消费者的需求演变，并根据其需求演变随时改变共生体的价值创造方向，利于共生体中各个企业的进化与生存。

传统的营销中所遇到的问题在"互联网+"时代（或互联网生态时代）基本都可以解决，在互联网生态时代企业的生存因为有共生理念使其资源得以扩展，复杂产品得以开发，消费者的需求可以最大化满足……当今时代，企业的长久生存一定是从消费者的诉求出发的、是以消费者为中心而展开的价值创造与创新。在共生营销理念的作用下，只要企业有较强的聚合力和自己的核心竞争力，那么在互助、共赢、互补、开放的全新营销思维下，企业聚合所需合作共生伙伴，协他方力量以取市场，如此便可突破企业的资源瓶颈与创新瓶颈，利用多方平台获取用户，以达产品销量的最大化。

商业生态之商业模式

乐视以其独特的商业模式仅仅用了短短几年就冲到了全国互联网公司第 5 名，在新晋品牌中排名第 2，仅次于阿里巴巴。据网易娱乐 2016 年 1 月 13 日报道：2015 年是乐视的生态元年，乐视的 7 大子生态构建完成，形成一云七屏的创新性商业模式；乐视通过"平台+内容+应用+终端"的垂直体系，改变了人们互联网的生活方式。以乐视自制的"十年剧王"《芈月传》为例，乐视成功撬动了行业的交点，以"生态化反"为杀手锏让《芈月传》融入社会与生活，成功构建了生态闭环的成功案例。2016 年 1 月 12 日，乐视再次换标，乐视在 2016 年将实现全面爆发，乐视的各个领域将在生态融合下走向全球化的发展道路。2016 年 1 月 21 日，乐视移动举办"时代终结 or 时代开启——里程碑之夜"年度大会上，乐视控股高级副总裁冯幸宣布了乐视超级手机销量已突破500 万台，乐视超级电视销量超 300 万台，创造国产纪录。乐视云也完成了 10亿元的融资……乐视有如此惊人的成绩，核心在于其商业模式的创新。那么关于商业生态的商业模式该如何设计呢？笔者思考如下。

首先爱与信的两条主线始终不变，这是企业商业经营长久的必备要素。商业生态的商业模式构建过程中还要注意以下几点。

内部资源生态化

乐视庞大的生态系统所涉及的领域众多，以跨产业链垂直整合，打破边界等一系列新的思维、新的高度去构建伟大的生态系统，生态型的企业需要生态型的内部资源。前面笔者从商业基因的角度思考了商业模式，里面所述的内部资源能力包括：内部组织体系、文化体系、品牌形象、技术能力、营销活动等。那么内部资源如何生态化呢？

内部资源生态化就需要企业内部的各个部门之间形成柔性化的管理体制。具体来说，移动互联网、云时代的到来，企业需要从内部到外部打破原有的形态而形成全新的业务架构，把看似毫无关联的业务用一条线穿起来，各个组织或部门之间可随时交流，组织形态趋向模块化和网络化，然后形成完整的互联网生态系统并全面对外开放。

例如，在一个草原生态系统中，首先该生态系统是完全开放的，随意组织，没有边界，该草原生态系统有多大，取决于该生态系统的复杂程度与单个物种的强弱，因此在商业生态内部成员的能力培养是企业的一项重要工作。

生态型的企业中需要生态化的组织管理模式，在商业生态协同的发展理念下独立自我强化与生态化反的共生的组织形态才能实现无边界的资源共享。

生态型的组织形态是一种静中有动、动中有静的组织模式，其应具有足够的灵活性和协作性来应对不断变化的市场环境，所以企业必须将过去的金字塔结构（多层级结构）的运营机制改为合伙人机制，多人协作共同运营一个项目。例如，如今的海尔众创和京东众创等企业都在极力践行该机制。如下图所示是内部生态化的组织模式。

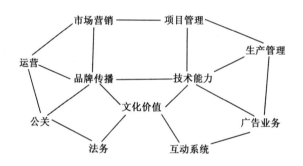

内部生态化的组织模式

企业在项目管理运行时，按需选择人才，人尽其才，真正实现生态化的内部协作，各组织边界模糊，挑战自如，充分激发各层人员的能动性，海尔提出"人单合一"的模式，内部形成人人都是创客的团队文化，让员工按照自己的兴趣和能力选择项目，形成以项目为中心的自组织经营模式，形成良性的内部创业机制。打破了传统的金字塔的组织结构，用户与产品的创意、设计、迭代之间的关系更为紧密。在各部门的沟通和管理过程中，更适合扁平化的组织管理模型，因此需要对个人的角色重新定义。个人依能力而在各个行业进行实践，生态企业的人才需求不再像以往的一个职位一辈子的形式。并且生态型企业也需要一个云有化部门，该部门负责打通整个生态系统各环节的沟通与协作，拥有各部门或组织的实时资源，为协调生态系统各个部门尽心尽力。各部门需要什么资源或者是遇到什么困难都可以告知云有化部门，云有化部门对之进行资源对接，以促进整个生态企业的协同工作。比如乐视就有一个乐视云的独立部门！对于乐视来说需要的就是具有跨界型人才，让不同行业、擅长不同技术或能力的人聚在一起，一起去执行一个项目，对该项目进行头脑风暴，使之发生生态化反。就是因为这样的体系，乐视才有了超级手机、超级电视、超级汽车等全新的产品。跨界融合的效果在生态系统中会大放光芒。

生态型企业的 HR 应特别重视企业的人才招聘，该类型的企业对人才的要求更严格、更宽泛，毕竟企业一不小心就会跨入另一个行业进行攻击。所以企业应重视"人才池"的构建。

内部资源生态化就是让企业所拥有的资源发挥其最大价值，包括人类资源、资本、渠道、技术等资源，并尽可能以最低的成本和最高的效率去完成某一项目。例如，辛巴达的"小、快、柔"的供应链模式，在组织模式方面采用模块化的组织生产模式，平台收集订单进行集中的面料采购，采购后平台进行集中裁剪，而后将订单和裁剪品分发给相应的工人协同完成后续的生产过程。

外部合作生态化

前面的内部资源生态化是企业内部的组织和管理以及人才的生态化；在商业生态系统中，外部合作在企业的发展过程中也出现得非常多。外部合作生态化有以下几种表现形式。

资源互补，做强产业

每一个企业所拥有的内部资源终究有限，在企业的发展过程中，打造出强的产业链必须与自己资源互补的企业进行深入合作。2015 年 12 月 14 日，乐视携手 TCL 在深圳举行战略合作发布会，双方共同宣布，未来将围绕客厅互联网大屏用户，探索创新产品的共同研发、优质内容和垂直服务领域的用户联合运营，打通用户的价值变现体系。同时在供应链、渠道协同以及售后服务方面进行深度合作，共谋全球的电视市场，推动产业的升级，双方共同构建一个互补双赢的生态型商业模式。通过资源互补的战略合作，实现制造、信息、科技、文化、内容、互联网等领域的完美跨界整合，催生出新的生态。同时双方在全产业链方面也具有高度的互补性：乐视向 TCL 全面开放包括乐视云、海星等优质内容，而 TCL 也将向乐视开放其全球领先的供应链管控和工业能力、软硬件研发能力等。在 2016 年 3 月 31 日，双发的战略合作首次有了阶段性的合作成果：推出 GOLIVE 全球播，率先为用户提供与院线电影档期基本同步的产品服务；TCL 为乐视提供 120 万台乐视超级电视制造保障和 50 万 TCL 面板供应保障。

双方的互补合作使各自的价值得到了极大的释放，为用户提供了更好的价值体验，这种强强联合的生态模式无疑是最具有竞争力的。

具有强能力的互补性企业通过战略合作共同致力于某一产业的发展，合作后双方扩展产业的速度以及合作后所形成的竞争力是最强大的。在以生态竞争而形成的资源互补的战略合作的例子是阿里巴巴与苏宁达成的战略投资；双方全面打通电商、物流、售后服务、营销、大数据等线上线下的产业体系。同月，京东也入股了永辉超市；永辉的线下物流体系（仓储、供应链）与京东的京东到家强强联合，共同布局整个 O2O 领域。在 O2O 布局方面，阿里巴巴与京东谁都不肯松懈，京东和阿里巴巴各自通过资源与优势的互补战略来努力扩展自己的 O2O 战场。2015 年 10 月 16 日，阿里巴巴与微博也达成战略合作，实现从内容到产品的多层面互补，阿里巴巴的旅行平台与微博的内容优势互通互补，共同打造国内最大的旅游生态平台；相关案例还有很多。

资源互补是生态型企业的商业模式设计不可或缺的一步，通过强强联合的资源互补，不仅可以快速做强产业，带给用户较好的体验，也可促成小生态的构建。

资源整合，做多产业

在短短的几年内，乐视就很快完成了 7 大子生态的布局，包括乐视的内容生态、大屏生态、手机生态、汽车生态、体育生态、互联网金融、互联网云生态。乐视7大产业的布局，每个产业上的横向扩展和多产业的纵向垂直整合构建出了强大的乐视生态。乐视各个产业间的相互融合，协同发展才能产生生态效应。在7大产业中，可能某一产业的硬件全部免费，使之以极低的价格杀入市场获取大量的用户，在另一个产业进行盈利，实现补贴。

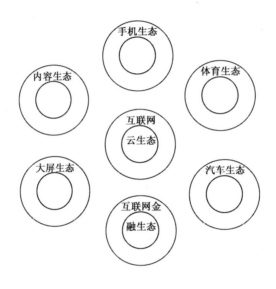

乐视7大生态示意图

在进行多产业链的整合时，可通过投资占股和收购合并两种方式进行。前面笔者也分析了 BAT 的外部生态的布局，互联网的3大企业都在做资源的多产业整合，去构建自己的生态系统以维持自己的霸权地位。（附录中有 BAT 在2015年的投资收购企业名录。）

乐视以跨产业链垂直整合和横向扩展的闭环生态来做多产业；BAT 以强大的资本优势，通过投资或收购的方式布局多个产业，最后形成电商、O2O、教育、泛娱乐、游戏、社交、汽车交通、旅游等多产业生态；海尔以 U+平台和异业联盟的资源整合将软件、硬件、服务、运营商、资本、供应链等多方资源汇聚于平台，形成了强大的资源平台，通过吸引创客在其平台上进行创业的方式来做多产业。生态型企业的资源整合做多产业也是为了其多领域、多内容的生态构建建立强大的数据资产，以便为企业日后的生态化反、产业融合、数据营销以及企业的自生与进化做好准备。

价值创造多元化

生态型的企业一定是产品或服务的多样性，单一化的产品或服务是无法满足用户生态化的体验的。

在商业生态系统中，外部合作一般是强强联合，以创造出最好的用户价值。在跨产业链的垂直整合和横向扩展的闭环生态打造过程中始终以用户为中心，对用户的价值进行深入的研究与分析，打破创新边界和产业边界为乐视的乐迷提供多样的个性化的产品或服务，创造出极致的用户产品体验。在此过程中需要什么资源就去相关产业的具有核心资源的企业强强联合，强化外部资源，做到生态型企业的共生共赢。

乐视生态的价值创造目前涉及 7 大领域，是以用户为中心的产品研发的开放闭环的生态系统。贾跃亭曾言："未来的互联网公司必将死于专注。"其所言的专注是一个公司只做一个产品，这样的公司不符合生态模式的价值创造多元化。生态型企业产品多是好事，但不能一味求多，互联网的产品必须打造成"完品"，遵循雷军所述的极致，以吸引用户购买，对于多产品的价值创造，产品和产品之间最好有一定的关联性，最好可以做到互通互融。让用户实现乐视品牌的多元化产品体验，进而给用户创造价值，达到互通互融的价值体验，提高用户的黏性。

在不断进行创新性产品创造的过程中，随着产业链的增多，产品也越来越多，最终实现全产业链的产品呈现和全类型用户的聚集生态，一个强大的生态系统就逐渐诞生了。商业生态系统的构建过程关键在于价值的创造，价值在创造的过程中如何聚集各方用户及广大用户与生态系统于一身呢？

这就需要价值点、价值元与价值体的构建。笔者把某一人群（如某个地区的 80 后群体）的核心需求而创造的价值称为价值点；把这一群体多个需求而创造的价值称为价值元；把多个群体的多个价值元的集合称为价值体；从价值点到价值元再到价值体的逐一实现就会为不同群体的不同需求产生多元化的价值体验，这是全覆盖的生态系统打造的核心要点。

价值创造多元化打破了企业原有的专一化经营理念；多元化的产品是为了满足用户个性化的用户体验，而对于用户这种个性化的定制需求的满足就需要企业与相关的企业进行合作，共同快速满足用户的这种需求；而生态型企业恰好可以满足该需求，并形成价值多元、业态多元的繁荣生态，以此来聚集多式多样的用户群。多元的价值创造形成多元的产品，多元的产品进行细分形成相关联的产品组合，即以价值元为基准的产品组合，为产品的生态型运营做准备。

价值创造多元化的关键在于企业大数据平台的建设和先进技术的应用。例如，3D 打印、物联网以及云计算等。因为用户的多元化导致其产生多元的数据。企业可建立自己的数据平台，将数据信息与工业深度融合，以满足消费者个性化的需求为目标，应用互联网思维和 3D 打印逻辑，突破产业与组织的边界进行多元化的价值创造活动。在多元化的价值创造活动中，企业可利用内部资源、外部资源或内外部资源的融合进行一个以用户为中心的价值创造活动，如红领集团。

价值转化情感化

商业生态系统中聚集了庞大的用户后，其最终目的是为了产生经济效益；那么在商业生态的模式体系中应如何进行盈利而持续发展呢？乐视网的收入来源是：付费收入+影视版权分销收入+广告收入+终端产品收入。乐视以其强大的内容体系和强大的资源体系为用户创造了多式多样的价值。在不同人群的不同需求产生不同的网上消费与足迹，凭借其庞大的生态体系的多元化产品利用云技术和大数据给用户潜在的消费体验。在用户消费的过程中，立于用户情感上的关心，为用户贴心着想，在能免费的地方就免费。另外，在价值转化情感化方面也重视相应产品的场景点、心动点与娱乐点的挖掘，将价值转化融入该"3 点"之中。

在商业基因之转型和第 1 章的商业之本中详细阐明了用户的体验、场景以及用户的需求升级，在价值转化的过程中注重用户的需求和体验，找到用户价值转化的场景，然后进行场景的洞察，抓住用户的习惯和心智路线，给予用户极简的产品推荐与支付体验，以达价值转化情感化的体验，实现生态体系的多频次、多维度、多层次的盈利能力。

数据利用，驱动进化

企业的进化是为了适应不断变化的商业环境，企业的业务流程、商业模式、人力资源、营销运营等应不断随环境做出相应部分的基因突变或重组，只有这样企业方可长久生存，即企业要随时感知市场环境来实时改变企业的运作模式，否则将会被无情的市场所淘汰。

在不断变化的市场环境中，企业的品牌、用户需求、技术应用、商业模式等都在不断进化，那么企业该如何感知这些变化来驱动其相关模式的进化呢？

在种群商业生态的内容中，笔者也提及了企业商业进化的一种方式。更为重要的一种方式是生态型企业的大数据的利用来驱动各个物种的进化，以及整个商业生态的进化。

企业的商业生态的构建将各个内外部资源都整合在其所构建的生态系统中，所以生态型企业会涉及多个领域、多个业务以及庞大的用户群体，进而产生了相关个体和群体的数据资源。企业对这些数据的利用可以驱动其业务流程、管理模式、营销模式等方面的变革与进化。企业拥有的数据越多，可利用和挖掘的信息也就越多，其价值也就越大。企业对这些丰富的数据进行分析实现信息资源的有效利用来指导企业的进化。大数据对于生态型企业也有举足轻重的作用：企业对整体数据的分析可判断商业环境的变化进而指导企业的战略制定；生态型企业的不同行业或业务间的数据相融可提高用户的生态体验；大数据对供应链系统的分析也可优化其供应流程或生产流程；等等。

在个性化定制的商业生态中，数据驱动企业的智能工厂，大数据指导企业的生产经营过程；数据产于消费者而又用于消费者，随着平台用户的增多，数据也不断增多，对大量数据的利用进行优化平台，进而又吸引更多的用户。通过对数据进行合理的架构设计以及云计算、大数据的深度利用，依靠庞大的用户群来完成自我的优化、迭代和进化。没有数据的积累就不会有数据的进化，数据与数据之间的反复融合与交流，使数据变成了一个智能化系统；生态型企业商业生态的构建就是为了聚集各式各样的大数据资源来优化个体以及整个生态系统。

个体的进化驱动生态系统的进化，整个生态系统的进化又带动商业生态系统中各个个体的进化；进化总是从低级个体向高级个体进化，从简单个体向复杂个体进化，由无机系统进化为有机系统；而企业的生态构建和数据的利用就可以实现企业从简单进化到复杂进化，从低级进化到高级进化以及从无机的商业种群进化到各个物种间相互协同的有机生态系统。

进化永无止境。

基于商业生态下的人力资源

生态型商业与以往的商业模式和商业范式有所区别，商业生态是多领域、多业务、多行业的有机结合。"互联网+"作为人力资源管理的新的背景环境，工业时代的"福特型"管理模式是否适应于现在呢？以往一贯使用的 KPI 考核在商业生态的环境下是否适用呢？商业生态打破了组织边界、行业边界，那么以往的人力资源管理模型是否也会被打破呢？

人力资源是社会各项资源中最关键的资源，对企业的经营与管理有重大的影响；人力资源的主题一直都是高效整合员工能力，进而对员工的相应能力进行最优化的组织管理，对人力资源进行最佳的配置。随着 90 后、00 后逐步登上职业生涯，这些互联网的原住民，他们的生活方式、生活理念与传统的也有所区别，加之互联网软硬件设施更加齐全，传统企业的转型等新的商业环境下，传统的繁冗复杂的层级关系导致生产、运营等工作效率低下，企业的经营越来越困难。原来一直被推崇的 KPI 考核被证明问题重重，已然不适应当下的形式；市场环境日复一变，客户需求捉摸不透，今天想的到明天一做，结果效果大不如前……

说说组织，传统的组织个人被贴上职位的标签，每个人在所属的部门是根据职位所赋予的职能进行任务型工作。科层制组织结构一直被大多数企业认为是稳定的，但流程化与标准化的工作模式就像一个"工业零部件"，极大地压制了个人能力的最大化发挥。

在商业生态中，企业的人力资源与组织管理是人性化的，生态企业中的每个人是随需而动、自由进出、组织扁平、活动自由、思维自由的。个人的能力可被极大释放，员工在其生态系统中扮演好该有的角色，各司其职；某个物种可以和生态系统中的各个伙伴随意交流，自由连接形成网络结构。个人依能力和兴趣而加入某个群落或种群中发挥作用，并且一个物种在不同的生态系统中可能扮演的角色不尽相同，在一个生态系统中是生产者，在另一个生态系统中或许是分解者，当然也有可能是消费者，这依个人的能力而定。所以这就需要人力资源部重新定义组织模式和供给需求分析以及制度的重新设计，做出符合商业生态的结构特点和功能特点的生态型人力资源管理模型。

以消费者驱动而形成的商业生态的背景下，跨领域协作的多价值重构模式更能聚合消费者。为了满足消费者多元产品、多元价值的需求，要求企业内部协同创造链式价值；并且在商业生态中跨产业的交流与协作成为常态，多产业布局也成为常态；所以生态型企业的用人类型与用人机制也发生了转变。（链式价值是指基于某一需求的相关需求的价值提供模式。例如，卖汽车的人可以同时卖保险或理财产品等。）

基于以上原因，要求生态型企业在人力资源管理方面做到更快、更轻、更灵活！进而达到转变自由、移动自由。我们把该形态的模式称为"云模式"。基于"云模式"下的企业也称"云企业"。

"云模式"也是最近一直热议的话题，具体来讲"云模式"是指将企业的管理、运营、营销等环节尽可能地数据化，而后将数据上传到一朵能被所有需求者接触到的"云"上，能被各类需求无限调用，最大化地提高企业的运行效率。"云模式"只有在当今的互联网时代才能被引用和实现。例如，"云计算"、"信息云"、"数据云"以及之前所说的"创客云"、"资源云"、"资讯云"等。

在新型的商业生态环境下，企业就需要一种云模式，云模式下的思考逻辑是：企业员工按需而动，按能而行，以便最大化发挥每位员工的能力。云模式是以企业人力资源与业务要求而驱动的工作模式。

在"云组织"模式下的企业还需要有"云激励"和"云支持"。这种"三云"人力资源管理模式也是穆胜博士曾提到过的。"云组织"是让员工有机会干，或者有机会去执行（解决）某一问题；"云激励"是让员工乐意去干，员工只要有能力就可以在所做的项目中占有一定的股份；"云支持"是让有条件、有资源的员工去干，员工任何知识和能力的不足都可以在"云"上进行补足。

基于这样的云时代，就要求企业建立大数据云平台，导入企业的各方资源，包括内部资源和外部资源。在数据平台上，记录了员工所有执行过的任务与操盘过的项目，实时记录、更新员工的执行能力和执行效果；那么，在日后企业要做某一个项目时对项目进行初步分析后，确定所需要的人才结构后就可以在数据平台上"提取"相应的人才，然后形成生态化的人才结构一起去操盘一个项目。如此企业内部的创业成功率就会提高好多倍，并且极大地提高了企业的资源利用率，降低了企业的经营成本。

因此，企业尤其需要创客型人才，这一点在商业生态系统的构建方法中也提到了。从这个角度来讲，如今的"大众创业，万众创新"无疑是为了生态型企业的人才培养奠定了一定的基础。因为在这种形式下的人才就需要员工的学习能力与实践能力都很强。企业在大数据平台和创客人才都具备后，就需要有云支持和云激励。当企业中的某一员工突然想到了某一创业项目后，那么他就可以根据项目特点找到相应的人才类型，一起去执行该项目，在项目的执行过程中，该团队完全可以依据项目拟定一个小微企业；团队中的每一位成员都尽其所能执行项目，投入资金，依据个人能力也可以占有一定的项目股份，促使人人都是自己的 CEO。由员工变为项目合伙人，并且该项目在执行的过程中需要什么资源都可以在企业的云平台上"提取"，然后大胆去操作，成功后企业就可以给你进行加薪进职，这样员工的创业积极性、主动性、责任心以及创造性会提高很多。

基于以上情况，要求企业内部充分市场化，企业内部市场化就需要企业有足够的资源；多行业资源汇集与多创客人才储备成为企业的主要任务。就个人而言，个人需要增强其知识储备和利用知识进行实践的能力。就企业的组织模式来看，扁平化、网状的组织模式才符合生态企业的生态形态型连接。传统的梯级模式显然不符合企业的生态化运作。"平台+创客"型模式在未来必将成为主流。创客集中在云端，随时根据市场需求组织市场需要型人才去创造价值。那么，组织模式就可以这样设计：

传统企业的组织模式是金字塔模式，即最上面是企业的董事长或 CEO，最下面是企业的员工，中间是不同层级的领导者。互联网的出现打破了该模式，使用户的地位极大的提高了，用户是上帝的情况日渐加强；使企业必须以用户

为中心进行经营。所以企业的组织模式就变成了一个倒金字塔模式，企业的领导者变成了资源提供者或服务员工者，普通员工变成了创客。所以在上述三角模型中创客云里的创客在创业的过程中需要以用户为中心进行价值创造和价值传递。

以上"三朵云"相互协调、相互作用、相互影响，共同孵化项目。另外，在商业生态之商业模式的内容中也阐明了商业生态背景下的组织形态，这里不多赘述。关于创客的能力的提升，笔者认为企业给创客足够的自由，让其去实践更多的项目，不断磨炼。唯有通过实践培养出的创客才是真创客。

所以企业管理的逻辑应该是企业平台化、员工创客化、用户个性化。以海尔为例，海尔在多年的转型道路上艰苦探索，其遇到的转型问题有：人力资源如何来围绕企业的战略进行变革？组织模式如何围绕企业的战略进行变革？互联网时代企业转型也给海尔带来了很多挑战。对人力资源来说，就是在互联网时代下如何激发员工创造新的价值？如何把员工价值和用户的价值结合在一起，做出备受用户青睐的产品？

海尔在创客互联网化转型过程中，人力资源模式一直在围绕海尔不同阶段的具体状况做出相应的调整；这无疑说明了海尔的发展紧跟时代的变化，勇于探索，随时调整适合企业发展的组织架构和管理模型。例如，海尔从名牌化战略到多元化战略，再到国际化战略的过程中，海尔的人力资源管控模式也随着战略的转变而转变，从人事管理到专业职能化管理，再到战略人力资源管理，每一次转变都符合时代的要求。

在今天创客驱动企业发展的时代，海尔的人力资源管理模式也演变为了"S-H-A-R-P"（灵敏）模型，因为人力资源管理的最大目的就是寻找并利用好人才持续地为企业创造价值，企业所设立的一切机制也是为了激活员工的潜力和能量，并创造性地为企业贡献力量，在多创客的环境下，企业正常运作的关键是如何管理好企业与创客、创客与创客之间的关系，并实现多方共赢的协作共创关系。

海尔的"S-H-A-R-P"（灵敏）模型和"人的单合一"的双赢模式打造过程中，海尔打造了多个适应不同模块、解决创客价值理念的平台。例如，人才吸引平台、资源创新平台、业务支持平台、创客孵化平台以及共享平台，这些平台一起驱动创客有效地完成创业项目的运作。将用户、创客以及外来资源都集中在这些平台上，有利于创客有效地实现整个价值创造过程，并在此过程中实现盈利。

海尔现在实行的灵敏型人力资源模式，很大程度上基于数据驱动，在人力管控的板块流程中都有一定的数据资源来支撑其运行。创客有创客的数据化信息平台，资讯也有其数据存储和利用流程，在开放的信息化平台上，通过有效机制的设定，会聚集越来越多的信息化资源，创客按需索取，按能所就。

海尔致力于打造一个有强大吸引力的创客平台，吸引更多的创客资源和投资资源以及其他有助于创客成功的资源。在海尔的这个平台中，所有的创客根据项目所需，自由组建团队，创客们在这个平台上和小微企业以及资源提供者直接交流沟通，进行互惠合作，进而携手解决问题。打造一个开放的、自由的、民主的、动态优化的数据化平台，从而更加有效地支撑海尔的人力资源管理体系，以数据化流程减少人力资源管控。

按单聚散、按单竞岗是人力资源管理的一大特色，"单"由用户来定，"单"即是用户需求，一个"单"需要什么类型的人去完成，需要几个人完成，需要多久完成等，海尔通过这些信息的初步评估去选取相应的人，组建小组团队去完成该单；然后按照用户付薪状况和组内各个成员的工作状况进行相应的薪酬分配。这种管理模式直接颠覆了传统模式，是一种更符合人性的、更能激发创客创造的管理模型。

在海尔的发展过程中，始终坚持互利共赢、互利共创的生态发展模式，让创客、用户、供应商、研发人员等参与到价值创造的过程中，使得海尔可以从用户的需求和交付着手，共同打造共创共赢的商业生态圈。在这个生态圈中，员工和相关价值群都可以达到一种自组织、自创业、自驱动的良性循环与发展。

另外，海尔也有个"三表体系"来驱动其发展，具体如下。

海尔的三表体系

海尔有三表体系来支持其发展，即战略损益表、人单酬表、日清表。战略损益表是指企业的战略定位和战略机会是什么，有战略后其实施路径是什么。在战略实施的过程中需要明确企业的具体目标和相关的资源需求。另外，领导者还需要明确企业的组织模式和人才需求。人单酬表是指市场价值和用户价值的评价表，即团队通过价值创造能够赚取足够的利润，缴够费用，实现利益的分成。日清表是借助 IT 系统形成每天的工作预算和行动计划，并确定审核标准，任务完成后系统每日将战绩结果通过信息系统自动通知员工。这三个表支持整个小微企业的运行和小微企业绩效管理的体系。

创客加速

海尔在培养创客方面首先成立了海尔大学，把之前培养提升员工工作能力的培养理念转化为开放的大学平台，培养员工如何更好地利用平台进行创造价值。将员工转化为创客，提高创客的创业力和认知力。海尔把开放的创客资源、研发资源、生产资源、高校资源以及其他企业的资源全部集中在一个资源平台上，成为加速创客创业的平台。例如，海尔大学创客学院通过创客公开课、训练营、私董会等各种活动来加速创客发展。另外，海尔还建设了小微能力解码中心和创客自评平台，精准地解码小微和创客在创业特性方面有待提升的地方，然后在海尔大学进行相应的技能培训，此外还通过创客社群分享学习、微信订阅学习来提升个人的素养。

不得不说海尔的大胆实践，真正做到了生态型企业下的人力资源管理模型，海尔在企业的管理创新、组织创新等一直艰难地探索，走在业内的前沿；以先进的模式开阔市场，进军美国以及其他国家，展开全球的布局之路，值得大多数生态型企业借鉴。

HR 们也该了解，互联网时代，请勿停留在之前的"选"、"用"、"育"、"留"的套路中，培训体系也该进行迭代；从实景模拟到真实实践再到激发潜能的培训也给其带来了巨大的挑战。

在自然界的某个生态系统中，各个物种的相互协作是以某一目标猎物而自由组合的协作体系，而后进行猎物的捕食与猎物的分享，一个独食的物种将会被组织体系所淘汰，身边的伙伴会远离之。

在商业中，扁平化、无边界、自组织、去权威的生态环境下，组织混序、灵活、自由的形态下，以消费者（用户）为中心的商业逻辑成为主流。首先要聚集大量的消费者，跟消费者建立较为稳定的关系，沉淀数据，然后通过大数据云平台挖掘他们的深度需求，进而转化为付费用户，实现利益的获取。因此生态型企业在管理模式上应把自己定义为用户、员工以及利益相关方的服务者、资源分配者和秩序维护者，以生态化多方组织管理产生生态化的效应。如同海尔的资源平台与创客平台，员工获得某一用户需求后，在创客平台寻找合伙人来完成该创意的实现。这些小的项目组织体（或称小微体、价值群落）共同创业、共担风险、共享利益。

"云"的建立在于数据的支持与积累，云平台上沉淀大量的生态企业各方利益相关方的数据，数据最大的特点是随时在线、随时更新、随时获取，企业所有的活动都可以被数据化（包括人力资源的管理模型），员工通过其市场感知能力和创业灵感能力来滋生价值，而后通过数据网络形成价值群落。价值群落中各个主体相互协作而协同创造价值，之后根据价值评估表进行利益的分配。

生态型企业的组织体系自带激励体系，无边界的模块化组织以市场需求为导向，小微体（也称经营体）中员工进入价值创造体系需要自主出资以维持初期的项目运转。小微体的各个员工之间的价值交付也促使交付的员工必须认真、谨慎地完成某一项特定的工作，因为被交付的员工要确保他所做的环节可以顺利进行、准确无误，所以在这些工作中员工的能力可以被最大化的实现。同时个人在此价值创造活动中个人的付出也可以清晰呈现，有利于之后的利益分配。

在以上的价值活动中描述了两种激励模式：现货交易模式和投资模式。以个人的利益驱动整个组织体系的正常运转。

生态型企业的人力资源云端化、数据化、组织生态化、激励生态化是企业转型的关键要素。

企业平台化、员工创客化、用户个性化成为整个时代企业做大、做强的关键要素。

基于商业生态下的社群再造

生态型企业的社群构建是企业正常运营不可或缺的一步。前面笔者阐述了种群生态要构建社群，群落生态也要构建社群。在种群和群落的社群构建方面有太多的价值有待挖掘。

生态中协同与化反效应的产生也要依靠于社群的构建，在商业生态下的社群构建是企业进化的关键，前面笔者也提到了利用数据驱动企业以及商业生态系统的进化。数据的来源之一就是在社群中数据的积累。该方面的进化最根本的还是跨界型人才或不同行业、不同领域的人才之间的头脑风暴产生的"数据"处理而发生的化反效应。但目前的"数据"处理只是各个主体的头脑处理，未能将其价值发挥至最大。孟尝君也认为当今的社群环境中有99%的社群能量未被挖掘出来。那么这99%的能量该如何去挖掘呢？最主要的是需要对社群进行再造，对其组织结构和管理流程以及激励模式进行再升级或再造。

社群经济因聚合而产生效应，具体来说包括同行业、同类型人员的聚合（即种群）和不同类型、不同行业人员的聚合（即群落）。使用种群和群落的知识去构建社群，所产生的经济在社群生态中可产生无限的价值。

笔者在第3章阐明了种群生态和群落生态的构建对企业或个人的优势。种群和群落是生态学中的专有名词，但通过对生态学与商业的相互融合，笔者对社群的发展与改进有了些思考。

当今的社群多是以兴趣或相同价值观或因某一产品而聚合起来的群体，但大多数社群有以下几个问题。

（1）社群的活跃度太低或活跃度持续的时间太短。

（2）社群的盈利能力较弱。

（3）社群内产生的数据不方便做处理与分析。

其根本原因如下。

（1）聚集的群体太杂或社群内的价值观不一致，相互之间没有共同的语言，即社群在构建的过程中未进行人员的筛选。

（2）社群内群体间的利益机制不明确，即只有打造出一个自生、自组织、自交流、互助的社群才是真正的社群生态。

目前的社群基本上是基于微信群而搭建的社群，微信群这个工具可以做到自组织的互动交流，但无法实现或不宜实现社群人员的激励机制或自淘汰机制以及社群内部价值的挖掘与利用。换句话说，微信群这个工具还不能承载真正的社群生态的发展。

真正的社群生态下的工具应有以下功能和特点。

现有的微信群的功能（发送文字、语音、图片、红包等基本功能）

购物功能

现有的微信群购物形态只是链接的发送而产生的购买行为，这样的体验还比较差。笔者思考的微信群内的购物形态应是：由群主或社群发起人确定某一社群主题，群主依据该主题在微信群的右下角的"⊕"符号内的购物栏目里（该功能暂时还未开发出来）可以自主添加相关主题的商品，群内人员可以自由选购。用户对该产品有什么反馈建议或升级建议都可以在该群内讨论或对商品进行评价，好评越多微信群名称越亮或群名称前的微信等级越高；对于等级越高的社群其他人员更愿意加入其中。群内人员还可以共同对某一产品的设计、营销等方面的问题做出讨论。更为重要的是，因为每个人都有不同的人脉，群内人员如果想对某一热销产品进行代销，社群发起人只需将代销权授予他并协商好利益分配机制便可。

这才是真正的社交电商。

有数据的收集和处理功能

活跃的微信群每日会产生大量的数据，然而在现有的条件下无法对之进行处理或利用，很多工作都很难或不易进行。如果有了数据收集与处理功能，则可对用户产生的数据加以分析，以及对多个用户对产品的评价或建议进行分析。根据这些分析可对已提出的要求加以改善，也可对潜在的需求加以挖掘，以满足相关群体的用户需求与升级产品体验。

另外，对于种群生态或群落生态内的各个"物种"所产生的数据进行沉淀与分析，则可促进企业的产业升级或跨界化反效应的形成。

如此企业在构建社群后可丰富企业的数据资源，以及有利于企业创客云和资源云的构建。

社群成员必须对某一价值观达成认同或有一个共同的目标

各成员之间有相同的价值观可促进社群的形成以及可提高社群的黏性。

如果某一群体有一个共同的目标（如在前面的章节提到的创客因某一创意而在创客云中组建小微团队去执行项目），在这一过程中可以将创意视为价值点，因价值点而聚集的社群（或称价值群落）使社群的组建有目标、有活力。

企业经营好自己的用户社群，做到真正以用户为中心。彻底改变消费者与企业的沟通与互动方式，通过相互的沟通与反馈，不断开展活动，激活用户的参与度、连接度与信任度，有利于企业产品的升级以及企业的长久发展，使用户与企业之间相互依存。

如果某一企业欲进行行业资源或跨行业资源的整合，通过社群可高效率、低成本地实现供应商、分销商、用户、合作伙伴等方面的资源汇集。企业对资源进行整合后还可以对该资源进行共享，以提高资源的重复利用率。笔者认为日后企业必须学会构建自己的资源云、创客云和大数据云。企业所构建的"云"的数目越多、越全，内容越丰富，企业的资产也将会越大。

基于社群形态下有目标的行动还包括售卖产品、众筹、知识分享等，生态型的社群主张自组织与交易形态的闭环。企业在聚集用户进行售卖产品时，从产品的设计到产品的研发以及包装，再到产品的销售和售后服务等都可以在社群中进行。社群内还可以分享产品的生产和研发过程、产品的故事，以及产品的优势等，做到产品从社群中来到社群中去的闭环生态。在产品的选取方面最好选择具有刚需高频的产品特点。社群的构建者最好也赋予产品某一人文关怀，形成一个产品文化。这样用户可能不仅仅因为需求而购买产品，更多的可能是因为对产品的价值认同而产生的购买行为，并且用户在该社群中因价值的认同而长时间停留或帮你进行产品的宣传与推广。

提倡自组织、激励型、分享互惠的社群文化

自组织形态在自然生态中普遍存在，自然生态中物种间自组织而飞翔，自组织而捕食，自组织而潜游，自组织而运食，自组织而过冬……在自组织群体中，各个物种分工明确，随需而动。那么自组织是如何形成的呢？有以下几个关键点可供参考。

社群文化必须主张开放

如同商业生态系统的构建，社群文化在提出开放的情况下其他"物种"才有机会进入，这是社群聚人的关键点。

筛选环节不可少

在有某一目的或任务而构建社群的过程中，社群构建者需要设定某些进入门槛，说明在具备什么条件下的人员可以进入该社群，否则就可能出现某一类型的人员过多或过少的情况。例如，在生态系统中生产者、消费者、分解者中的各个类型的数量在均匀且适宜的情况下才能保证系统稳定运转。同时经过筛选环节（如只有在缴纳××元才能够进入社群），可真正将不符合要求的人员拒之门外。经过筛选而组成的社群一般情况下群内的活跃度也会很高。

设置激励机制

激励机制的制定有利于吸引群外人员的进入，以及促使群内人员的行动，保证社群内部内容源源不断的产生。例如，生态型企业在激励创客进行高效的执行项目时可设定项目做到何种程度就可以拿到天使投资。

在激励机制的设置下，社群内部可自行组合去执行某一项任务；在激励机制的设置过程中需要融入互惠、共享的文化理念，在互惠共享的情况下，社群方可良性运转。互惠有利于群内温馨文化的打造，使社群内的人员不愿离开；共享有利于社群内内容的产生，以满足用户的阅读需求。

激励机制的形成重点在于竞争机制和奖励机制的设定，在有利益驱动的情况下，社群的自组织效率会高很多。竞争驱动进化，通过竞争与合作增强系统各个物种的有序度和关联度，推动系统产生新的社会价值或经济价值。

基于上述特点来看目前的社群，因为基础工具的不完善等原因，目前无一社群可达到上述特点和要求，社群经济有待开发和挖掘的价值有太多太多。

社群生态是商业生态最主要的形态，社群生态在未来也会成为主流。利用社群生态挖掘社群价值使企业的业务更容易进行。社群生态改变了原有企业的组织结构或业务流程，使用户的不同层次的需求得到满足。例如，用户通过产品的体验来满足其生理需求，通过群体的融入来满足其安全需求，通过价值的认同或圈文化的认同以及不定期的群活动来满足其归属需求，通过提高用户参与感和信任度来满足其尊重的需求，通过社群内的互助互惠与分享的群文化来满足其自我实现的需求。社群生态的构建以满足不同社群成员的不同需求为目的，以提高用户体验为目标，不断构建企业的商业生态。这是企业新环境下生存非常重要的条件。

生态中的跨界化反与生态协同效应的产生在很大程度上也要依靠于企业社群生态的构建。跨界化反在于聚集不同行业的人才的头脑风暴，这在社群内很容易实现。生态协同在于竞争而成的协同和融合产生的协同以及进化而成的协同，这在社群内也可实现。

未来的社群将在各行各业出现，实现爆发式的增长，垂直领域的社群构建将会在其所在的行业发挥极大的价值。

商业生态环境下不同规模企业的商业模式设计

在目前新旧经济形态转化阶段，消费者消费形态升级，实体经济一直下滑、传统企业转型较为困难、供给侧结构性改革艰难进行的情况下，企业的经营着实困难，许多企业的人口红利正在消退，用户获取渐渐困难，利润获取更加不易。在这种情况下，多数是企业的经营方式出了问题，传统企业亟待做出符合环境的商业模式设计，从企业的价值观、商业模式到人才需求、战略方向、组织结构等也要推陈出新。

传统企业的困窘

在国家"互联网+"战略的极力推动下，在互联网思维和技术逐渐成熟下，电商、O2O、大数据、物理网等对传统企业造成了巨大的冲击；新元素、新物种的出现使企业原有产品的生产成本大大降低，原有服务的效率和体验大大提高；消费者总是那么善变，往往谁的产品成本低，谁的产品（服务）体验好，谁的产品（服务）效率高，谁就越容易博取消费者的芳心，企业的渠道下沉而分散；这种情况下传统企业若还是使用高耗能、低效率的传统经营思维，其迟早会被淘汰的。转型？转成什么？怎么转？转型成本太大要不要转？

诺基亚、摩托罗拉等企业当意识到市场环境发生变化后去转型，可惜其在沾沾自喜的愉悦中放慢了变革的步伐，最终来不及拯救自己。传统企业在线下积累的渠道、资源、客户、经销商等在互联网转型过程中是否有价值？如果要试着将其与互联网融合，那又该如何融合？

在这种不转等死，转了困难重重而未必成功的情况下，企业该何去何从？这些问题笔者暂时提出，阅读此文的读者可以思考一下。

新兴企业的特点

各个相关企业之间的连接比较容易，企业的价值创造比较容易

在新环境下，互联网的新基础设施（云、网、端）、企业的新生产要素（大数据）、新的结构（大规模协作与互助共生）是促进新经济增长的主要驱动要素。在这些新的背景下，企业上下游之间的相互连接，各个相关企业之间的相互合作已变得比较容易。这种情况下（互联网生态环境）企业

只要保持开放、互惠、共赢的合作心态,那么在价值创造与价值传递的过程中也变得相对容易。

轻模式、低成本运作

2016 年两会上,李克强总理在政府工作报告上强调,要大力推动包括共享经济等在内的推动经济增长的领域的快速发展,促进分享经济发展、支持分享经济发展,提高资源利用效率,腾讯 CEO 马化腾在两会期间提了一个大胆的预言:分享经济将成为促进经济增长的新动能,助力服务业成为拉动中国经济的主引擎。

在分享模式主导下的滴滴、分答、优步等企业之所以能快速发展,很大程度上因为其是一种轻资产的运营模式,只要在规则合乎人性,利益分配合理,可为平台上的多方合作伙伴和用户带来便捷的情况下,那么该企业的经济增长就是比较容易的。

企业发展融入互联网进行轻资产、低成本运作是现代企业发展的准则,换句话说,哪家企业在为用户进行价值创造和价值传递等过程中使用的成本最低,哪家企业就越容易长久发展,这也成为了企业发展的一个核心竞争力的评判标准。

大数据成为企业标配

随着我国大数据处理技术的成熟与国家对大数据的推动,"大数据+"已经渗透到几乎所有的行业,数据的挖掘与利用可对企业创造意想不到的价值,如以阿里巴巴为代表的"大数据+零售"为其创造了双十一的 900 多亿元的巨额交易纪录,以丁香园为代表的"大数据+医疗",以搜房网为代表的"大数据+房地产"等;还有一些人工智能、无人机技术、虚拟现实技术等新兴产业都是依托于大数据的。

产业互联网重塑企业竞争力

产业互联网通过打通企业发展的各个相关环节而进行产业链的互联网化，其提升了企业的管理与运行效率，优化资源的配置，增加用户的服务体验，创造出更具价值的产业形态。企业的生存与发展需具备产业思维，利用互联网思维和基础设施整合产业链的上下游的综合服务解决方案提供商已是趋势。在2016年的钢铁、塑料、农产品等方面的产业整合已出现行业的领头军，其在生产、供应、销售、融资、交易等方面均已拓展了线上的平台。

产业互联网的打造更多的是建立在平台模式的基础上的，平台上构建产业生态，海尔打造的产业互联网，利用平台上的创客来驱动产业的发展，在平台+创客模式的基础上小微企业发掘价值、创造价值，打造多元化的产品，而后在平台上进行人员与产品的相互连接，产业的各个环节由平台为创客打通，创客在寄附于平台而为多样的用户创造价值，使其创新边界和业务边界得以扩展，产业边界得以打破，从而构建了企业的新的竞争壁垒。

新环境下企业的商业模式再造

基于以上的认知与思考，笔者对现环境下的商业模式的再造也做了思考，具体如下。

企业在新环境下的商业模式设计需紧紧围绕"4条基本主线"（用户、模式、业务、变现）而进行各个主线的相关探索与延伸；在进行相关主线的探索与拓展时紧紧围绕"5条价值理念"（以用户为中心、价值为本、体验至上、垂直整合、开放闭环）而进行商业模式的再造。

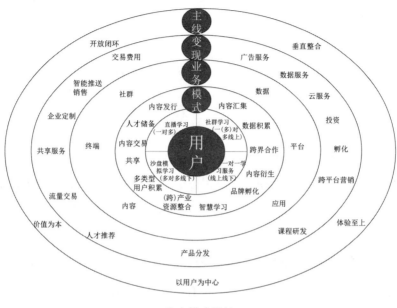

生态模式设计

用户

用户是商业模式设计最需要深入研究的一部分，在互联网时代，用户可选的线上产品变得较多；不同于传统的线下产品，因为受区域的限制，用户不得不购买你的产品。因此，互联网时代的用户被企业推到了上帝的位置，用户也变得越来越幸福，享受着上帝的待遇。企业对用户了解得越多就越容易设计出符合该类用户群的营销模式、运营模式以及组织模式。

产业互联网的诞生和互联网生态企业的诞生都是为了更高效地服务于用户，它们想方设法地去满足用户的需求，带给用户更好的体验，以推动商业文明的发展。

因此，圈定某一用户群体，研究该类群体的需求；根据市场情况挖掘未被满足的用户需求。而后设计全生态的用户服务模式，以此来驱动商业的进一步发展。如上图所示，假若我们研究的是某一群体的学习需求。全方位的学习包

175

括直播学习、社群学习、沙盘模拟学习，有学习、有实践、有互动；有一对一的学习、有一对多的学习、有多对多的学习；有线上的学习、也有线下的学习；这样的用户服务模式是最为生态的学习模式，用户的黏性可大大提高。

业务

业务为用户服务，业务的开展以价值创造为核心；多业务并行是这个时代特别是规模较大的企业的发展模式；因为在消费升级的情况下，用户的需求变得多元化；多元化的需求需要多元化的业务去满足。如果说用户是解决为谁服务和提供何种价值的话，那么业务模式就是解决与谁合作共同去完成该价值创造的过程，这需要明确价值链（或价值网）环节中合作伙伴的分工问题。

任何一个企业在发展过程中都需要有自己的核心业务，该核心业务一定是借助于你的资源优势，通过该优势来获取你大量的目标用户群，通过优质的业务服务来留住用户。分支业务的建立是来满足目标群与核心业务相关的需求。例如，阿里巴巴以淘宝网为基础，因为电商平台需要进行支付，于是支付宝就产生了；因为每天产生大量的数据，需要对之进行收集与处理，于是阿里云就产生了；因为要打造一个开放共享的平台供大量的企业或创业公司服务，于是就成立了阿里百川；因为要解决国内消费者的海外购物需求和正品保障需求，于是创办了天猫国际……以用户为核心，用户需要什么业务服务，企业就提供什么业务服务，而且该用户群最好是多种类型的用户，最好打造出全方位的服务型生态企业，在生态的企业环境下，各个物种、各个种群相互协作，创造了2015年双十一的912.17亿元的交易额纪录。当然企业在进行各种业务的拓展过程中可以通过自己的实力来开展业务活动，也可以通过战略合作来进行业务活动，这主要取决于企业所拥有的资源能力。

那么，企业的业务靠什么来呈现呢？主要有平台、终端、应用、社群等形式，内容和数据在这些环节中也扮演着相当重要的角色。

乐视在业务提供方面采用"平台+内容+终端+应用"的模式，其模式深受广大企业领导和学者关注。当今企业平台化转型的方向与路径也是很多企业领导者以及学者所关心的问题，传统企业平台化的转型需重新打破企业原有的价值链，通过平台设计一种更高效、更开放、更能满足用户多元化需求的规则或模式。平台上的内容多样化且符合用户的需求，最好的方式是让用户变成经营者，自己去上传内容，平台只需设计好相应的规则即可，利益让位于合作伙伴，使平台良性成长。

模式

模式是解决怎么服务好用户的问题；以用户属性和服务业务为中心而设计服务模式。在互联网时代，内容的制作或获取与数据成为大多数企业的标配。现代企业的模式分为以下几类。

终端+（数据+内容）

使用单个终端来解决某一用户需求，这里的终端一般指硬件产品，如手机、电视、电脑、冰箱、电饭煲、热水器等。数据和内容对于这些终端有些是必需的，有些是次要的，主要看企业是否需要利用内容和数据来提高产品体验。

应用+（数据+内容）

这里的应用一般都是指软件，软件可以为硬件服务（这一模式就是指后面的终端+应用），软件也可以单独运作来满足某一用户需求。应用相对来说是一种轻服务模式，一个应用开发出来，在应用"美丽"的情况下，企业只要借助于营销的力量就可以获取足够多的目标用户群。对于大多数的应用，数据和内容是关键！

平台+（数据+内容）

互联网时代，平台只要做成功，其市值是相当大的。做平台最好做开放的平台，前面笔者也指出现在有资源的企业都从互联网平台企业转型，因为一个平台的建立可大大提高企业的服务效率与运作成本，当然只要平台的规则和文化制定好，其吸引合作伙伴和用户的能力也是相当强的。现在一些新兴的规模较大的企业一般都是平台企业。基于平台可进行资源整合、品牌孵化以及内容和数据的沉淀等。在开放的平台上进行用户和合作伙伴的赋能、进化、自驱动等，使平台可高效运转，这是平台企业需主要考虑的事情。平台上的组织模式也与传统的大不相同，平台的组织结构跟随战略而变，灵活易变是平台企业的组织的主要特点……

平台+应用+（数据+内容）

"平台+应用"这一模式是平台价值的延伸，企业在平台的运转方面需要应用加以支持来使这个生态体系得以运转。例如，在本书中提到海尔这个企业的生态模式需要"资源云"、"创客云"和"资讯云"来推动海尔平台的发展；这些"云"的构建就需要一个或多个应用来支持。还有前文提到的阿里巴巴的业务扩展过程其实就是以平台为主，在平台上不断进行延伸应用的过程。

平台+终端+（数据+内容）

"平台+终端"这一模式也是平台价值的延伸，典型的例子是小米企业。小米企业开发的多个硬件（或终端）在平台上进行相互连接而构成小米的硬件生态系统。不管是"平台+终端"还是"平台+应用"，只要平台运转越久，平台上的内容和数据也就越多，企业需要将之进行挖掘与利用，使用它再次为平台创造价值。

终端+应用+（数据+内容）

这一模式是以应用为终端而服务的。终端需要操作，应用为之服务！例如，海尔洗衣机的洗衣过程需要海尔洗衣这一应用来操作才能完成整个洗衣过程。目前在硬件智能化的潮流下，"终端+应用"这一模式会出现很多。这里的终端是一个服务系统，应用是一个内容和数据的积累系统；两者相互融合而构成了一个简单的生态系统。

平台+应用+终端+（数据+内容）

该模式较为复杂，如果相互之间融合得当的话可构建成一个竞争力较为强大的生态系统。该模式主要适用于制造业企业，典型的例子是红领企业。制造业企业互联网化转型的过程其实就是将平台和应用、终端深度融合的过程，红领用 10 多年的时间，研究和积累了海量的数据，包含流行元素的版型数据、款式数据、工艺数据库，建立了强大的数据平台，数据囊括了设计的流行元素，能满足超过百万万亿种设计组合。满足人类 99%以上个性化西装设计需求。客户既可以在平台上进行 DIY 设计，又可以利用红领版型数据库进行自由搭配组合。只要登录平台，就可在平台上进行 DIY 设计，利用数据库进行自由搭配组合，迅速定制自己的个性化产品。用户只需通过红领的魔幻工厂的软件进行线上定制，通过软件的数据的分析而将订单交给通过信息技术、物联网技术和 3D 打印技术而形成的智能化终端进行服装的生产。

（企业在模式的设计过程中，平台、终端、应用可设计多个。）

在当今的商业环境中，社群模式也逐渐在企业的发展过程中扮演着重要的角色，社群可作为企业与用户或合作伙伴良好的互动方式，改变了企业的经营理念和组织模式，越来越多的企业开始开展"社群+"战略，探路者主要借助于社群而逐步发展它的社群生态。企业在经营过程中可适时采用社群的经营模式。

那么，对于一个学习型服务，内容是关键，内容的制作、发行、汇集与交易是企业需着力解决的一个问题，这也是平台型企业需要解决的一个主要问题，因为只要是平台企业就需要内容的填充。在互联网生态环境下，多类型用户的积累、多方位数据的积累、（跨）产业的资源整合、品牌孵化、跨界合作、智慧营销、人才储备等其他衍生服务是主要的服务模式，企业可根据具体的业务而进行选取与设计。

另外，模式还有企业领导者的思维模式、组织模式、股权模式、人才选取和晋升模式等，企业的商业模式设计这些环节也必不可少，在此就不详细说明了。

变现

变现是企业能够长久生存的关键，也是从商的目的。一般来说，企业的系统越复杂，其所能挖掘的变现方式就越多，企业的市值也就越大。通过笔者的观察，发现目前的商业环境的变现模式有以下几种：交易费用（包括产品、流量、知识等交易而产生的交易费用）、产品的直接销售、利用数据的智能推送销售、广告服务、数据服务、云服务、企业定制、流量分发、跨平台营销变现、投资孵化、共享服务、人才推荐等。企业可根据服务类别与属性进行选取和挖掘相应的变现方式。

在企业商业模式设计过程和经营过程中也应顺着可促进企业发展的 5 条价值理念而进行相应的价值活动。

以用户为中心的价值活动

传统企业经营困难主要是因为其在互联网或移动互联网时代的传统价值观与经营理念没有随着时代的变化而变化，现在人民的消费水平普遍提高、国内正处于代际变化的关键时刻，传统的以企业为中心的经营理念使用户很容易流失，以前的竞争优势因为互联网的成熟而逐渐消失，现阶段不管是垂直化的企业还是产业的构建与扩展，都必须以用户为中心而进行相应的价值活动。在进行以用户为中心的价值创造活动中，因为企业的资源毕竟有限，其可携有自己需要的资源的企业进行战略合作而进行相关的价值活动。笔者在《互联网生态环境下企业的营销秘诀:共生营销》一节提到了生态型企业的 3 种营销法则:互利共生营销、偏利共生营销和寄生营销，该理论也可用在企业以用户为中心的价值创造环节中。

价值为本

创造价值是企业存在的意义，有价值的产品与服务才能吸引用户，企业的一切活动都是围绕"价值"二字而进行的，如价值挖掘、价值创造、价值传递、价值获取、价值变现等。商业经营价值为本。

体验至上

在产品多样性、信息多样性、竞争多样性、渠道多样性、流量难获取的今天，我们仅仅靠一个需求，做出一个产品或服务，让用户使用购买，着实很难。以用户为中心的思维模式中还要重视产品体验，来吸引用户，并产生购买且获得口碑。进而进行高效传播，做到以产品为始，以产品为终。

在体验经济中，产品除了完美外，更需赋予产品额外的价值来驱动用户的购买行为，有审美体验、情感体验、认知体验等。

垂直整合

垂直整合实际上还是企业的外向拓展，确定企业的垂直整合的战略，是"平台+内容+终端+应用"、"平台+创客"，还是"平台+应用"或"垂直业务+业务扩展"的战略，换言之，企业整合产业链上下游资源或进行跨行业的垂直整合时，生态扩展要充分利用已有的生态基因能力广泛连接，保持开放，勇于跨界。

开放闭环

开放闭环的目的是聚合，乐视生态在以用户为中心的"平台+内容+应用+终端"的布局中，在每个内容下全方位布局，但布局后又不是孤立的单体，而是相互协作、相互补充，进而完善该闭环体上的内容。换句话说，每一方面的布局都可以认为是一个产业，在产业内考虑到不同阶层、不同年龄段、不同种群的用户或企业，完善布局，形成闭环。闭环生态也指用户价值链的闭环，即用户在产品的浏览、推荐、购买、支付、售后服务、评价体系等形成良好的闭环模式。形成闭环的内容或应用，用户体验会更好，闭环的效应是各行各业都可以进行实时接触与交流，加大合作与共赢的可能性。环状的生态可循环、可重复、可自生。

上述的商业模式设计的"4条主线"和"5条价值理念"，不管在互联网时代，还是进化着的互联网生态时代，或是产业互联网时代都可适用！小型企业的商业模式设计为"用户+业务+终端/应用+变现"，大多数小型企业都是使用某一产品（即终端或应用）为相应用户解决相应的问题；中型企业的商业模式设计为"用户+业务+（平台/终端+应用）+变现"，如猪八戒网最开始的商业模式和海尔现在所实行的商业模式；大型企业的商业模式设计为"用户+业务+（多平台/多终端+多应用）"，如阿里巴巴和百度；任何一个企业进化过程都是从"小型—中型—大型"的过程，产业互联网是在平台的基础上进行多终端或多应用整合的一个过程。

第5章

商业生态之实践案例

实践案例一：C2M 商业生态之红领模式

红领集团成立于 1995 年，是一家以生产经营中高端服装、服饰系列产品为主的大型民营服装企业集团。红领集团向工业互联网化转型的过程中，在相当长的一段时间内不断摸索、不断实践，才打造出其独特的红领模式。2003年以来，红领集团以 3000 多人的西装生产工厂为实验室，利用大数据、互联网、物联网等技术，开始了工业化和信息化红河发展的不断探索，运用互联网思维，投入 2.6 亿元资金和诸多人力物力，专注于服装规模化定制生产全程解决方案的研究和实验，对传统制造业的升级进行了艰难的探索与实践，红领以订单信息流为基础，建立海量数据库并摸索新型管理模式，以生产过程自动化为支撑，经过 12 年的积累与努力，打造出了红领的强商业生态基因，最终形成了独特的红领模式。

红领集团有强大的人才储备，利用互联网思维和大数据技术，包括服装版型数据库、服装款式数据库、服装工艺数据库、服装 BOM 数据库，来提供生态化的 C2C 服务模式。红领以数据驱动智能化工厂，以工业化手段和效率制造个性化产品，组织模式也变成了倒金字塔模式，实现了去部门、去科层、自组织的组织模式，努力做到内部资源的生态化。

红领模式

红领模式是利用互联网思维的创新理念和互联网新型的技术工具，以信息化与工业化深度融合为基础，以大数据为依托，以满足全球消费者个性化需求为目标，进行 C2M 大规模生产个性化产品的工业化流水线生产的定制化实践，开创电子商务零售 C2M+O2O 模式。红领集团建立了订单提交、设计打样、生产制造、物流交付一体化的酷特互联网平台；真正做到了以消费者为中心的服务体系，实现了规模化生产的个性化。生产线上输出不同款式、型号、布料、颜色、标识的正装，颠覆了个性服装单件定制以及型号服装大规模生产、分级组织市场营销的服务行业的经营传统，创立了互联网工业新模式。另外，红领集团主要利用大数据技术和信息技术、物联网技术、3D 打印逻辑等一系列互联网最新技术去完成客户个性化的产品定制，实现了价值创造的多元化。

红领集团以"源点论"管理思想为指导，以 4 种核心价值（即数据驱动智能工厂、SED 企业升级改造方案、源点论组织体系和一体化的 C2M 商业生态）为基点，立足市场，以客户需求源点驱动公司价值链协同，通过对业务流程和管理流程的全面改造，建立了柔性和快速的响应机制，实现了个性化手工制作与现代化工业大生产协同的战略转变。互联网与工业的融合创新大幅度提升了企业的运营经济效益，生产成本下降了30%，设计成本下降了34%，原材料库存减少了 60%，生产周期缩短了 40%，产品储备周期缩短了 30%。既受益于企业，也受益于消费者。红领模式的经济效果如此显著，那么它的商业生态是如何构建的呢？

红领集团的商业生态建立的具体步骤如下。

大数据平台的建立

红领集团运用大数据技术，实现了个性定制规模生产、满足大规模的差异化需求。全球不同民族、不同文化、不同形体的用户服装需求差异化明显，红领集团用 10 多年的时间，研究和积累了海量的包含流行元素的版型数据、款式数据、工艺数据库和原料数据，数据囊括了设计的流行元素和创意构思，可以实现绝大多数的款式研发和版型匹配，能满足超过百万万亿种设计组合。满足人类99%以上个性化西装设计需求，突破了人工制作版型瓶颈。客户既可以在平台上进行 DIY 设计，又可以利用红领版型数据库进行自由搭配组合。只要登录平台，就可在平台上进行 DIY 设计，所有的细节都可以个性化定制，利用数据库进行自由搭配组合，然后在流水线上做到大规模工业化生产，生产过程中每个定制产品都有专属芯片，伴随生产全流程；迅速定制自己的个性化产品。

信息技术、物联网技术和 3D 打印技术的应用

①在信息化时代，红领集团运用信息技术，实现跨境电子商务的无缝对接。红领积极探索跨境贸易电子商务零售模式创造及应用，搭建多种语言电子商务交易平台，用工业化的效率和成本进行个性化的定制；从产品定制、交易、支付、设计、制作工艺、生产流程、后处理到物流配送、售后服务全过程数据化驱动跟踪和网络化运作。以数据驱动生产、驱动组织，以指令推送的方式将订单信息转化成生产任务并分解推送给各个相关工人，实现了线上线下双向互动的信息化管理，为客户营造良好的感受与服务体验，建立了成熟的具有完全自主知识产权的个性化服装定制全过程解决方案。其与中国电子口岸数据中心青岛分中心服务器数据通信和同步，省去了诸多中间环节，打破了信息孤岛和企业边界。

②运用物联网技术，实现生产与管理集成。网络设计、下单，定制数据传输全部实行数字化。每一件定制产品都有其专属的射频芯片卡，并伴随生产的全流程，该芯片全流程向生产流水线和供应链传达指令，从互联网云端读取芯片上的相关信息；流水线上各工序员工根据芯片指令完成制作。每一个工位都有专用电脑读取制作标准，利用信息手段数字化快速、准确传递个性化定制工艺，确保每件定制产品高质、高效制作完成；通过智能物流系统，解决整个制造流程的物料流转，通过智能取料系统和智能裁剪系统，使每一道工序、每一个环节，都可在线实时监控。通过全程数据驱动，以流水线的生产模式制造个性化产品。企业通过信息系统的传递和数据的共享，实现整个产业链的协同发展。

③运用 3D 打印逻辑，实现数字化工厂柔性生产模式。红领将 3D 打印逻辑思维创造性地运用到工厂的生产实践中，整个企业类似一台数字化大工业 3D 打印机，全程数据驱动。所有信息、指令、语言、流程等都转换成计算机语言。客户需求提交后，在后台形成数字模型，数据流贯穿设计、生产、营销、配送、管理的全过程，整个企业的全部业务流程都以数据驱动，员工从平台上获取数据，在网络上工作；数据在流动中，无须人工转换、纸制传递，确保来自全球订单的数据零时差、零失误率准确传递。全过程做到了精准、高效、有序。自动完成个性化产品的设计与制造，把各种需求数据转变成个性化的产品。

红领模式本身并不涉及 3D 打印技术，而是运用 3D 打印的逻辑思维建设数字化工厂，将整个企业视为一台完全由数据驱动的"3D 打印模式工厂"。所有员工在各自的岗位上接受指令，依照指令进行标准化生产，员工真正实现了"在线"工作而非"在岗"工作，每位员工都从互联网云端获取数据，按客户要求操作，用互联网技术实现客户个性化需求与规模化生产制造的无缝对接，整个企业类似一台数字化大工业 3D 打印机。

生态型组织模式的建立

红领模式突破了组织、施工和资源的限制，真正实现了人机一体化。什么叫突破了组织、施工和资源的限制？因为红领的每个员工直接面对消费者，员工工作时不需要车间主任和领导干预，告诉你这个该怎么做，怎么做是消费者说了算而不是员工指挥，也不是领导指挥，是消费者需求在指挥你。施工完全突破了国际领域的限制，欧洲人下单、非洲人下单，到红领的车间里面变成一个指令，突破了领域的限制。资源的限制，在红领里面有无限版供你选择。所以上下链、供应链、价值链全部是打通的，需要什么样的料、什么时间到都是连接的，不需要人工指令，所以真正突破了组织、施工和资源的限制，如果这些都实现不了的话也实现不了大规模定制，更不能说智能制造和实现人机一体化了。该人做时人做，该机器做时机器做，就叫一机一体化。

红领模式在服装制造领域中探索并实现了一种将消费需求和生产供给高效、快速结合的运营模式，这种模式和海尔的理念一样，将生产商和消费者置于一个平台上，用全新的模式满足消费者的升级需求，开创了全新的市场体系，打破了传统的组织模式和管理模式，大大降低了交易流程和交易成本。红领的这种模式将设计、制造和销售整合在一起，让消费者和制造厂商或供应链直接交互，消除了各种中间环节。个性化服装定制需求量大，市场可以细分到每一个消费者和生产者，红领以定制化服务为切入点，从供给侧入手，主动调整供给结构，目的是使供给和需求协同升级。

在整个消费和服务市场中，消费者和生产者只需通过红领构建的数据化和职能化平台去瞬时连接供给，使消费者和生产者实现亲密无间的接触，使价值创造有目的、有方向、有效果，有需有供，成为市场生态中的联合体。这样的模式不仅使市场资源得到了有效的利用和配置，还提升了市场价值创造的能力。在红领的组织模式中，数据驱动组织结构，使组织有目的性，服务有针对性；这不仅优化了生产者与消费者的边界，也优化了市场服务的效率，该种模式必然会引导制造业企业的转型升级。

红领的 C2C 营销方案中也遵循人人都是设计师、人人都是消费者、人人都是创业者的模式，这是企业在人人时代做出最好的响应。红领凭借其强大的平台资源以及 10 多年的探索和经验积累，为创业者提供资源支持、创业辅导以及 C2C 项目的全方位解决方案，以此吸引创客依托平台进行创业。

实现个性化定制的 C2M 模式

目前在消费电子商务领域，阿里巴巴无疑在 B2C 领域做得比较成熟，但该种模式也只是用户选择性购买，不能参与到某件产品的生产、设计中，随着电子商务的发展，个性化定制必然会成为主流。C2M 模式使客户需求瞬时得到反馈，省去了不必要的中间环节，这不仅让消费者享受"造物"的乐趣和成果的愉悦，也给制造商企业带来了巨大的利润。并且该模式直接与消费者接触，与消费者互动，企业可以以消费者为导向，持续倒逼企业进行流程、技术以及服务的优化与升级。

如果将红领模式进一步引入其他领域或其他行业，将国内的许多企业的经营模式改造升级为与红领类似的服务模式，它将有可能发展为国内乃至全球最大的 C2M 电子商务平台。当前中国正处于全面深化改革阶段，制造业和服务业等行业正在摸索转型路径，而红领的领先探索与实践，为信息化与工业化的融合发展提供了一个在思想和方法路径上都相对完备的模式，为中国企业转型升级提供了参考与指引。

行业影响

红领模式开启了个性化定制的全新时代，释放了巨大的经济价值与社会价值，这将对消费者和工厂的生产运作模式带来突破性的影响，为传统制造业升级和转型提供新的方法和途径。中国正在进行全面的深化改革，红领的积极探索，大胆创新的实践结果为改革提供了有效的方法和途径。同时红领模式也将引领电商向互联网工业方向发展，成为经济增长的新引擎。

案例解说

红领的酷特商业生态模式，生产源于消费者而用于消费者，是一个从需求到消费的智能化解决方案的生态模式，该生态模式汇集产业链的所有企业，因聚集而带来一定的经济效益与社会效益。

C2C 商业生态模式的前端 C 是以客户为中心的价值一体化解决方案，以增加用户体验与用户的黏性为重点，建立需求与供应的网络体系，达到了实时生成信息、传输信息的前端 C 模式。后端 C 是建立起信息处理与按需定制生产和供应的后端化体验。"2" 代表平台，连接消费者、供应商和经营者的平台，完成了从客户需求到客户消费的一体化解决方案。

C2C 商业生态以消费者需求为核心，需要企业有一定的人文情怀，关怀用户。在消费者提出设计要求后，需极力追求自己为用户带来极佳的体验；充分利用智能设备、智能网络和智能技术优化生产流程，解决用户的个性化定制的需求。

C2M2C 和 C2B2C 是 C2C 商业生态的两种模式，C2B2C 是体验较差的模式，生产效率低于 C2M2C，C2M2C 把供应商和经营者也放在了平台上和消费者充分地互动与交流，是生态型的组织生产模型。下面是 C2C 商业生态模式的简图。

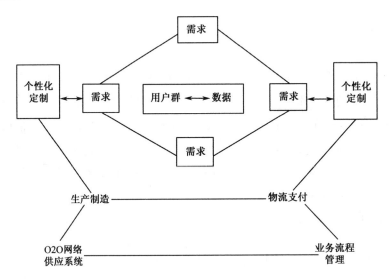

C2C 商业生态简图

上图中，企业紧紧围绕用户的需求和数据进行经营，依据需求而进行个性化的定制；生产制造、O2O 网络供应、流程管理以及物流支付相互协调，共同完成用户个性化定制的生产制造和物流支付环节。

（资料来源：《互联网工业：红领集团——个性化定制工业化生产》）

实践案例二：农业商业生态之大北农

大北农是一个农业高科技企业，该集团致力于以科技创新推动我国现代农业的发展，产业涵盖饲料、环保、疫苗、种猪、生物饲料、种植、植保等方向；拥有 2700 余名员工，1500 多个核心研发团队，100 多家生产基地和 180 多家分/子公司，在全国建有 10 000 多个基层服务网点。自 2010 年后在深圳证券交易所挂牌上市。

大北农具有多产业、强团队、覆盖广的内部资源，2013 年提出智慧大北农战略；智慧大北农包含猪管网、智农商城、农信网、智农通四大模块；致力于打造集农业企业管理、农产品交易和农业投资于一体的农业互联网生态圈。

下图为智慧大北农生态圈。

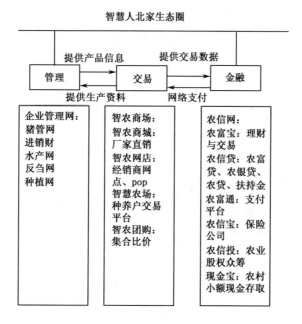

智慧大北农生态圈

（资料来源：兴业证券研究所）

大北农以猪管网和智农商城为入口获取用户和用户的经营数据，即大北农以猪管网和智能商城为核心业务，努力将之做强，并完全对外开放，打造入口，吸引大量的用户群；并为农信网提供完备的数据基础，各产业充分利用生态中数据流动循环的特点相互融合，协同发展。

下图为智慧大北农入口、流量及变现模式。

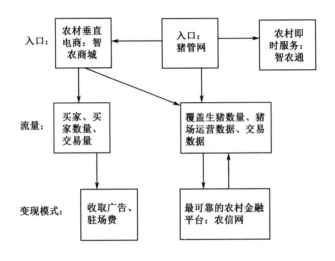

智慧大北农入口、流量及变现模式

（资料来源：兴业证券研究所）

在盈利模式方面，智慧大北农板块的盈利来源主要包含为大北农相关企业带来产品销售以及智慧大北农平台本身盈利两个方面。首先，智慧大北农各板块（如猪场管理系统、猪病通、行情宝、农富宝）强大的服务功能提升了大北农对农户的服务深度，提高了用户的黏性，从而促进了大北农与猪相关产品的销量增长。智慧大北农项目包含智农商城和农信网两个方面的盈利。智农商城方面，未来可以向进驻开设智农直营店的厂家收取平台服务费。对于普通的智农网店，可以参照淘宝的模式免费开店，赚取广告费等的方式。

大北农在生态构建方面也将数据资源作为企业的主要资源，经过一年多的尝试，智慧大北农确定了以猪管网作为入口获取用户和用户的经营数据，通过猪管网上的数据资源驱动其他相关内部生态企业发展。例如，猪管网不仅为智农商城和智农通导入流量，在提升智能商城交易量的同时，也为农信网提供更完备的数据基础。

智慧大北农的变现模式以一端为入口，实施免费或者不赚钱的策略，带来大量的流量，然后在另外一个产业里赚钱，这是商业生态中的生态化的变现模式。

除了在生殖养殖领域外，企业还逐步扩大产业链，建立农业相关的领域，如饲料动保网、水产网、反刍网、种植网等，并且还进行 O2O、金融领域的布局，打造出内部生态化的布局形式。

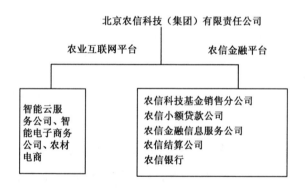

（资料来源：兴业证券研究所）

大北农打破产业边界，进行跨产业布局。在 2015 年，大北农的核心工作是推广猪管网，不断强化自身；在经过一年多的探索后，智慧大北农开始内部封闭运营转向对外开放，建立智慧大北农创业团队，将猪管网系统对全行业开放。公司的智能商城板块从只销售公司产品逐步向其他公司产品的开放，同时在产品的品类方面从农资领域向生猪领域扩展，打造开放的生猪网上交易平台。而智农通等模块也开始不再只针对客户而向全行业开放，逐步具备了互联网的商业生态基因要素。

大北农也极力推动外部环境的生态化，并打造出内生的商业生态模型；首先从移动互联网方面开始改造传统行业。

在移动手机与宽带在农村渗透率不断加大、养殖规模不断提升以及技术改造、管理设施、科研等投入的提升，使得移动互联网技术对养殖业的改造成为可能。但农资产品、生猪、食品等渠道层级较多，导致渠道效率低下，社会成本居高不下，信息传递不畅通等。这使得此次转型极为困难。

开放的企业家精神助推大北农顺利进行。高层转型决心坚定，并且有强烈的危机意识，对利用互联网技术改造传统农业的动力与愿景远胜于其他农业企业；整个智慧大北农的模块得到了董事长的全力支持与常务副总裁薛素文的大力推动；同时大北农也融入时代的潮流重新审视周围的环境调整自己，适应环境，培养自己。在管理方面也是充分信任、充分授权，鼓励内部创业。这使得公司有希望成功构造农村互联网生态圈，并得到资本的信任与支持。

另外，大北农在农村的资源积累也是大北农商业生态构建成功的关键要素。

首先，大北农作为国内龙头饲料企业之一，本来就拥有较多的内部资源，强者越强，当企业足够优秀后就很容易吸引外部资源。大北农中的大部分员工均在农村，并与一线的养殖户在一起，对农业发展的现状、养殖户的分布以及养殖户需求等因素非常了解。这有助于企业相关业务的扩展与相关服务的提供；相对于单纯的互联网企业，大北农对农业及农村的发展理解及业务推广方面有着天然的优势。

其次，大北农作为饲料龙头企业，是最早在业内开展服务营销和唯一向经销商或核心客户派驻财务人员的饲料企业。其中，大北农目前拥有饲料销售人员超过 18 000 人，财务人员近 1000 人。大北农在养殖领域庞大的人员优势能够推动互联网战略迅速落地，实现快速渗透。

最后，相对于城市，互联网企业在农村的渗透还比较低，互联网企业对农村用户的争夺尚处于初始状态。相比于在城市互联网企业需要通过烧钱的方式迅速推广占领用户，大北农可以利用自身在农业领域尤其是养殖领域布局的优势低成本地获取用户。

总之，大北农无论是公司高管的创业决心，还是创业分享的企业文化均推动公司在农业互联网转型中比同行的竞争对手遇到的阻力更小，转型也更有动力。而与互联网企业相比，该公司更加熟悉农村生态与人员优势，推动企业能够以较低成本地占领用户。大北农管理层开放、进取的企业家精神使得公司最有希望成功构造农村互联网生态圈的企业，也值得资本市场给予更高的信任与支持。

笔者相信，大北农在移动互联网基础设施与智能设备的充分利用下，在持续的横向与纵向扩展下，在不断与各产业相互融合下一定会构建一个更完美的农业商业生态圈。

案例解说

在"互联网+农业"的初级农业改造下，企业不仅要充分利用互联网的基础设施，还需要互联网与农业相融合，重塑产业链的各个环节，进行深度的"互联网+农业"的改革；使信息流、资金流、物流相互结合，在互联网农业生态的战略布局下，企业必须重视农产品的安全性与无害性，做到公开透明的生态经营；同时也要善于进行跨产业的构建和整合，充分利用数据，打造出一个云平台，进行数据的交换与利用。

企业在互联网农业的生态构建中还应注意以下几个方面。

（1）农产品渠道的升级与改革。

自建农产品配送的物流服务，构建农产品销售服务网站等。

（2）数据的充分收集与利用。

企业应充分利用大数据进行各产业的升级与改造，优化各个环节，提高效率与体验。

（3）智能农业设备的研发与使用。

农业互联网将农业各产业充分信息化，尽可能地在生产、培育和监控上减少人力，利用物联网技术和云计算方法实现农业数字化、生产自动化、管理智能化的绿色生态农业，并提高经济效益与社会效益。

（4）开放与共享。

商业生态的构建保持开放是关键，平台开放接受各个物种；数据与资源的共享，有利于整个商业生态的进化。同时要将开放与共享的理念融入企业的文化之中。

大北农发展至今，转型已有成效，打造出了很好的内部资源生态，并积累了大量的资源。笔者认为大北农在外部布局方面可以加大力度，借助资本布局与农业相关的外部生态；可以大胆地扩大地域范围，同 BAT 一样去构建美好的生态。

（资料来源：兴业农业，文：《智慧大北农，构建农业互联网生态圈》）

实践案例三：金融商业生态之 91 金融

2011 年 9 月 1 日，曾在新浪网、搜狐网等知名公司担任要职的许泽玮创立了 91 金融。

91 金融最初在创办时也是由于对用户的某一个痛点的发掘并高效解决而诞生的，其创始人发现："用户在寻找产品时，渠道复杂，操作体验差，银行找用户成本高、匹配率低；假设有一个平台能够帮助用户找到符合要求的产品，同时也为传统的金融机构瞄准目标消费者，实现金融产品与消费者的快速匹配。"91 金融超市就是在这种情况下应运而生的。

91 金融最开始还是金融信息及交易平台，即定位于在线金融产品的导购与销售平台；当时提供的服务多为金融产品的第三方合作服务，如贷款、信用卡、保险、理财等金融业务，而后根据自身的资源情况和战略情况又布局了 91 旺财、91 保险、91 贷款、91 增值宝、91 股神等多样化的互联网金融产品；努力完善个人的金融全产业布局，构建起自己的内部生态产品。

91 金融通过多产品业务形态的构建，打造多方位流量，汇集平台；然后通过线上数据的收集与处理，线下相应客户的对接与积累，使得该平台上的用户群越来越多。2013 年底，91 金融开始构建自己的外部生态，与北京银行达成战略合作，由 91 金融在线超市为北京银行推荐信用良好、符合标准的贷款客户，北京银行也为 91 金融提供全方位的综合金融服务方案；在 2015 年 10 月份左右，91 金融已经与全国 300 家以上的金融机构成为战略合作伙伴，包括北京银行、海通证券、厦门银行、工商银行、光大银行、阳光保险、大地保险等；在内外部生态逐步构建的 4 年时间内，经历了产品交易之后，91 金融又开始做金融产品服务，打造金融服务平台，构建线上、线下的金融服务体系。91 金融的平台累计服务金融产品的消费者超过了 300 万人，创造了突破 2000 亿元的总交易量，成为全国第一的互联网金融服务平台。

2015 年，91 金融开始从导购平台向综合型的互联网金融产品与服务的提供商转变。在 91 金融平台上，用户可以使用 20 多种专用的金融工具，以用户为中心的全方位产品提供，使得 91 金融不仅涵盖了金融服务，还包括还房贷计划、个税统筹计划等，91 金融一步步地完善其内外部生态的构建。91 金融许泽玮说："在这个生态系统中，不仅有传统意义上的 91 金融超市这样的面向 C 端和 B 端的培养型产品端服务，通过云的大数据基础以及金融开放平台，91 金融还接入了大量的银行产品，可以帮助传统金融机构定制新产品。"也就是 91 金融开始利用数据去使多个产品之间的业务发生融合，进而滋生新业务，产生生态效应。

91 金融在互联网金融领域不断尝试与创新，一步步开展产品与业务的深度布局，通过互联网思维和技术，91 金融与银行、券商、保险、信托等金融机构提供更加完善的专业服务；并进一步拓展业务，来强化其内外部生态。

大生态中有小生态，91 金融在小生态的构建中以 91 旺财为拳头产品，正式开始了网络信贷业务，并横向切入资产证券化领域，完善了 91 金融的"产品"布局。定制化产品更好地满足了用户的差异化需求，同时，也可以为中国金融消费者中的借款和贷款双方提供安全、公平、透明、高效的借贷服务。

91 金融试图以 O2O 模式打破金融服务多渠道、多终端、多产品之间的隔阂，使多个产品和业务之间相互协作、相互发展，打造金融服务的全产业链的产品或服务，或打造全方位人群覆盖的产品及服务，包括普通消费者和中小微企业的金融服务需求；构建从个人消费者到企业级用户，再到银行等金融机构的产品与服务生态体系。通过在线的金融产品与服务导购平台达成的 91 金融超市，面向中小企业理财服务的 91 增值宝，打通资产证券化市场的互联网直接理财平台的 91 旺财，三者共同形成基于海量金融用户数据的金融云，服务所有的金融消费人群，通过互联网改变现有的金融服务格局。91 金融将通过互联网技术手段帮助数以亿计的消费者、中小企业以及无数传统金融机构，更加快捷、高效地实现金融交易。

近期91金融收购点名时间，标志着91金融开始改变了过去的投资逻辑，全面开启了资本战略，正在完成由金融思维向资本思维的转变。在资本思维下，91金融加大对文创领域的投入，并购投资一批有潜力的企业，进行资本的有效配置，通过 91 众创空间和 91 投资，撬动创业和投资市场，进行更多的行业业务布局，打造泛金融生态系统，丰富和继续完善泛金融生态系统，扩大在文创领域的影响力，同 BAT 思维一样，实现以金融为核心的生活、生产的全面连接，更好地服务于更多的消费者。

案例解说

91 金融构建的是金融领域的服务生态，适合于创业公司的生态布局；91 金融构建的是"用户+云+端"的服务体系，形成了以用户为中心的"用户与用户、用户与云、用户与端"的交叉互动形态。

互联网金融在移动技术的支撑下（支付、云计算、搜素等技术）相比传统金融服务具有更透明、更方便、参与度更高、中间成本更低的移动支付优势。互联网金融的未来是：消费场景、支付场景、游戏场景、社交场景之争，未来的支付与场景联系更紧密，基于场景一体化的解决方案的协作是未来金融领域生态化构建的关键。谁构建的场景化解决方案更能打动用户，谁就会在该战场中获胜。因此，金融企业要自行解决场景的从痛点的解决方案到产品的设计再到产品的推广使用；在产品中融入金融支付的流程设计，完成用户的消费或娱乐体验。显然生态的构建是费时、费资源的，所以金融企业最佳的解决方案是加入某一生态的场景化解决方案中，与合作伙伴共同协作完成各种场景的优化与体验。

互联网金融的生态布局就是采用以上方式在与之相关的各个细分行业进行布局，帮助其他行业解决支付理财问题，对于不擅长的领域可以交给合作伙伴完成。

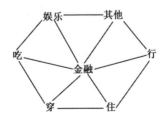

互联网金融生态布局简图

在场景的发掘过程或布局过程中，围绕吃、穿、住、行、娱等领域进行场景的观察与挖掘，并提供一体化的解决方案。各个领域、各个环节相互协作、互供数据，开放平台，借助资本，野蛮生长。

（资料来源：《亚洲互联网金融》，文：《91 金融从平台到生态的"探索与发现"》）

实践案例四：商业生态之小米生态

小米凭借其 MIUI 系统逐步布局小米生态。

小米依靠手机、MIUI 系统和米聊在智能手机市场迅速崛起，依靠其广大的市场需求，把小米手机作为获得用户流量的一个硬件入口，并顺利获得了庞大的用户，开启了小米的整个生态布局的开端。

2013 年，小米推出了几款重量级的发烧产品，3 月 19 日推出小米盒子；9 月 5 日推出智能电视，这两款产品标志着小米进入了家庭互联网，并试图打造家庭生态圈。12 月 26 日，小米开始布局支付系统。2014 年 3 月，小米和金山软件投资建立科技产业园，用以构建移动互联网生态体系；4 月 23 日，小米路由器正式发布；5 月 5 日，小米平板上市；7 月 22 日，智能穿戴设备小米手环发布，10 月 9 日，小米入股地图导航厂商凯立德，在移动互联网方面再次布局；11 月 6 日，小米开始研究移动芯片；11 月 12 日，小米与优酷土豆建立战略联盟；11 月 19 日，小米入股爱奇艺，小米在影视方面深度布局；11 月 29 日，小米以 5000 万美元入股世纪互联，加强小米的云设施建设；12 月 14 日，小米入股美的，再次在家居方面发力。2015 年 3 月，微软宣布与小米合作；7 月，李宁联合小米推出两款智能跑鞋；9 月，小米开启了虚拟运营业务"小米移动"发布电话卡产品；10 月，推出 9 号平衡车；11 月，发布空气净化器。2016 年 1 月，小米进军 VR 行业。

细看小米的发展历程，小米以手机、MIUI 系统、虚拟运营商为入口，而且其投资的企业也至少有 40 家，包括搜索入口、应用软件入口、平台入口以及社区入口。小米的生态系统的构建也可以大体上看出来，主要包括三大子生态，包括硬件生态、软件生态以及互联网内容生态。

硬件生态

小米的硬件生态主要包括在智能家居中的硬件；以路由器为中心，连接各个智能家居硬件。以下是根据小米官网提供的智能家居生态示意图。

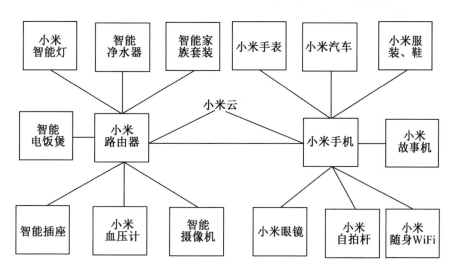

小米智能家居生态图

上图中有部分智能硬件还未列出来，从小米与美的的战略合作可以看出，小米可以研发出更多的智能家居设备。在小米的家居生态中，小米以小米云和小米路由器为数据存储发送中心，把所有的智能家居连接起来，进行数据交互，达到生态的协同与化反。除此之外，小米投资的硬件还有紫米电子、慕声电子科技、趣睡科技、云马智行车、云米科技、电视家等。

汽车在当今的市场环境中有很大的市场潜力，小米在汽车方面的布局也包括多个方面，包括人人车、好快省汽车服务、卡卡移动等。但是竞争也很大，包括乐视、福特、东风汽车、腾讯等。

软件生态

小米的软件生态主要是依靠小米的 MIUI 系统建立的，一家企业如果拥有自己的系统，并深受用户的喜欢，那么该企业就具有了很强的竞争优势，其具有较强的用户黏性，会产生稳定的用户群。所以顶尖企业如 Google、微软、苹果、阿里巴巴等都自建一个系统。那么小米是如何打造它的软件生态的呢？

小米的软件生态构建主要是自己开发的软件以及整合的软件部分。首先自己创造出有吸引力的软件并整合到 MIUI 系统中，其次是找到与自己生态腔调或能互补的软件整合到 MIUI 系统中。

有了自建的系统后，需要有庞大的用户量支撑才能使该系统存活下去。关于吸进庞大的用户主要是利用互联网思维，使用强需的产品，降低价格，做好产品，利用硬件去吸进用户，打造出多个入口产品。2015 年，小米手机的出货量就达到 1 亿部，再加上前 4 年的销量近 9000 万部，可见其用户群体是相当庞大的。

互联网内容生态

小米和乐视于 2014 年持续在内容上竞争，内容是生态的核心，丰富多样的内容方可留住用户。小米电视、小米盒子是互联网家居内容的核心，乐视、爱奇艺、阿里巴巴等也在极力增强自己的娱乐内容生态，因此在 2015 年 11 月 12 日，小米也与优酷土豆达成战略合作，同时也入股爱奇艺、华策影视等多家内容服务商。小米在音乐布局方面好像还没有大的动作。

小米在内容方面做的主要是游戏、电影、电视、音乐等娱乐性的、有足够吸引力的内容；笔者期待小米在内容方面取得不俗的成绩。

整体来看，小米的生态布局覆盖了人们的方方面面。在智能家居方面入股丽维家、爱空间、阿姨帮、You+国际青年公寓；在旅游方面与旅人网和发现旅行网合作；在电子商务方面投资了尚品网、凡客诚品、乐淘、闪电购、8 天在线、51 订购、御家汇等；在在线医疗方面投资好大夫和丁香园；在互联网金融方面投资了积木盒子、合道融通、公牛炒股等；在文化娱乐体育方面投资了新圣堂影业、UI 中国、荔枝 FM、南派投资。小米的硬件、软件以及互联网的内容都进行了大规模的布局，仅次于 BAT。

案例解说

小米一直保持开放的生态，持续进行研发与战略投资，进行横向与纵向的扩展去构建自己的内外部生态，在各个领域持续倾注力量；小米以部分硬件不赚钱或亏损的策略来获取大量的用户，然后利用其他硬件进行收费赚钱的流量吸引交叉补贴模式盈利；小米黄页通过免费提供端入口，然后和服务提供商进行收益分成以及在内容中融入广告等方式盈利。

①打造入口集聚流量。

②构建内部生态，黏住大量用户。

③借助资本扩张产业，布局外部生态。

④数据流动，彼此协同，强化美好生态。

小米通过以上 4 步去打造一个完美的商业生态系统；但笔者还是期待BAT、乐视、小米等生态构建者在盈利模式的设计方面注重价值转化情感化的用户体验。

实践案例五：商业生态之京东生态

京东是中国最大的自营式电商企业，目前京东集团旗下设有京东商城、京东金融、京东智能、O2O 及海外事业部等。

京东自建物流体系，其物流是以北京、上海、广州、成都、沈阳、西安为中心的六大物流平台；京东商城经营的品类多，以"多、快、好、省"的理念与腾讯达成战略合作；京东以日常消费品为起点，强化已有"专注、极致、口碑、快"的电商基因，吸引了大量用户，完成了商业生态构建的第一步。

在有了大量用户群的基础上，京东开始打造其内部生态。2015 年 4 月 28 日，京东金融宣布网银钱包更名为京东钱包；"网银+"更名为京东支付，京东在金融方面深入布局，还包括京东保险、网商货、京保贝、京小贷、白条、"白条+"、众筹等。

京东依托其电商和金融平台的大流量、多业务特点，也如预期一样开发出了京东电商云平台，正在基于其产业链优势构建一个庞大的电商云生态系统。有了云平台后，京东也同其他生态构建者一样打造了一个开发的平台。早在 2013 年，京东集团已经形成了以"京东宙斯"、"京东云鼎"、"京东云汇"为主的三大解决方案的核心技术体系。分别向合作 ISV 和个人开发者提供了京东系统的开放接口、服务电商应用云平台、应用开发云平台、社区生态环境等电商云服务，初步形成了一个完整的闭环电商云服务连接平台京东云，为日后生态体系的构建奠定了基础。京东云不仅帮助了合作伙伴快速部署自有品牌的电子商城和平台，还建立了用户自己的管理体系；实现线上、线下的一体化销售；为客户提供了大数据分析、流量咨询、京东物流、金融等方面的互联网一体化服务。2016 年 3 月 27 日，京东与大方广云达成了电商平台的合作协议，进一步加强了其云服务布局。

在京东的内部生态布局方面还进行了智能硬件布局、京东自主研发人工智能系统；京东智能正在与传统行业和初创企业融合改造现代基础设施；以"京东微联"（实现人、设备、服务之间的相互连接）和"JD+开放生态"两大方向在智能领域延伸。"JD+"以开放生态为企业提供一个可以长期发展的智能硬件平台。在资源上为创业者充分对接、孵化。给创业者提供投资、工业设计、市场、供应链、数据等方面的支持，从而把优质产品汇聚到京东的平台，共助创业企业成功。京东力求打造出一个充满活力、合作、开放、共享、共赢的智能硬件生态。

为此，京东专门成立了众创学院，极力吸引有激情、有梦想的创业者加入。目前，京东众创生态圈已经覆盖京东的资源对接、投资、服务对接、培训等业务。另外，京东在大数据、云、信息流、资金流、物流、品牌、市场、营销、渠道等方面都可以给予创业者大力的支持，实现创业加速。京东打造的"资源云"为所有创业者开放，让创业者随手触达，以吸引更多的相关创客，并建立"创客云"，打造出良好的众创生态系统。京东智能集团总裁王振辉表示：京东一直致力于打造开放的智能硬件生态，已经积累了海量的智能产品和用户；"京智生活"通过"小站"功能的创新设计和社区架构，架设了用户、创业者和厂商间的顺畅沟通的桥梁，将开启智能硬件领域的生态互动的全新模式，这也让京东的智能生态更加完善，产业服务智能更加全面。

在农村电商布局方面，京东推出 3F 战略（3F 战略指从农村把农产品生产出来并卖到城市，回笼的资金再从城市购买工业品，农资产品等用于农村的消费、理财和再投资）是一个完整的农村经济产业链的金融服务，并加速优化了整个农村经济链条的建设。为此，京东与永辉超市和中国电信达成战略合作，并完成农村电商的布局。

在投资合作方面，就 2015 年而言京东的业务布局如下。

在硬件方面，投资雷神科技、趣睡科技、Kisslink 吻路由、小蛋智能空气净化器、Jide 北京技德科技等；在 O2O 方面，布局好狗狗、智趣生活爱助家、无忧保姆网、永辉超市、饿了么、下厨房、到家美食会等；在教育方面，投资第一摩码教育看孩子、HaFaLa 汉娃乐园；在旅游方面，投资布局酷鸟旅行、途牛旅游网、今夜酒店特价等；在金融方面，投资金融 1 号店、分期乐等；在电子商务方面，投资布局买卖宝、天天果园、爱回收网、沙米等；京东在汽车交通、企业服务、医疗健康等方面也均有布局（详见附录）。

京东借助资本和资源的优势，做多产业；各个产业融合通过京东云来实现。京东的生态构建相对较晚，但对于京东这个神奇的企业来说，做到如今的程度已经很不错了。

京东在近年来迅速发展，在国内也是值得关注的电商企业。京东在不断加强内部资源能力的同时，也在努力布局外部生态。笔者相信京东在今年的行业布局方面会加大力度，取得不错的业绩。

案例解说

刘强东以其独特的个人魅力和创业力基因在企业前期处于亏损的状态下获得了红杉资本等资本方的投资而不断发展，进而取得了如今的不错的成就。京东在商业生态构建方面一方面同 BAT 一样以京东电商和京东金融为依托吸引大量流量，并开始布局物流、智能设备、O2O、电子商务等领域的内部生态；另一方面其在构建智能硬件生态方面和海尔类似，以资源云的打造为基础并成立京东众创学院，吸引大量的创客进行相关领域的创业来构建自己的智能硬件生态。

京东的一个小生态"校园生态"，是一种全新的校园金融运营模式，校园里有创业梦想的小伙伴通过京东提供的培训、活动、实习去搭建高校金融与创业生态圈，这也是京东众创生态圈的一个子生态。

经过前面 5 个案例的分析，笔者总结出企业要想构建一个商业生态，必须具备以下条件。

（1）有某一核心业务，并经营得足够好，以撬动其他产业的布局。

（2）注重用户与合作伙伴数据的收集与利用，并打造出一个自有的云平台。

（3）保持开放、共享吸引大量服务商和创业者。

（4）各个部门、各个领域相互融合、相互协作、共促发展。

（5）大生态布局广，小生态布局细；可从行业细分和场景挖掘方面来构建小生态，进而布局大生态。

（6）企业在构建生态的过程中可根据实时的资源与环境，在不同阶段采用不同的方法来构建生态。

实践案例六：服务商业生态之猪八戒网

猪八戒网是中国领先的服务众包平台，创办于 2006 年。平台上的交易品类含创意设计、网站建设、网络营销、文案策划等 8 大主打类目，600 个细分品类，为企业、个人或机构提供个性化的解决方案。在该平台上以众包形式将创意转化为商业价值。2015 年 6 月，猪八戒网获得 26 亿元的融资，并致力于构建一个文化创意产业新生态，积极推动"百城双创"，不断完善服务生态体系，为创业者提供一站式的企业全生命周期服务。目前，该网站已经拥有超过1500 万创意人才。那么，其构建生态的逻辑是什么呢？笔者思考如下。

建平台

最初猪八戒网只是一个"创意交易悬赏"模式的平台，但猪八戒网后期发现这样会扼杀威客网站最核心的竞争力，即创意。这样会导致企业无法快速成长，所以陆续创新了店铺、招标等模式，最终发展成为模式多样的开放平台。

平台的建立一定是开放的，客户和商家一定是自驱动的，平台企业只需做好平台的流程优化、业务模式设计与提供、用户的多产品一体化运营、平台的安全维护等工作，不断提升平台的服务效率与服务体验。

制定一个可释放人性的规则体系

随着平台开放体系的建立，用户的数量以及需求量的增多，猪八戒网也从一个"悬赏"的商业模式转变为"悬赏"、"招标"、"店铺雇佣"并存的商业模式。由商家提供需求，平台上的投标者提出报价，商家与投标者可进行深入的沟通而确定其他事宜；或者卖家开店出卖服务，商家一对一雇用卖家。猪八戒网一直在平台的商业模式和运营模式不断进行摸索，从自我管控到充分放权，让平台上交易双方充分接触，设计一个良好的交互模式，平台企业不必在此干涉太多。

随着运营时间和用户量的增长，企业逐渐积累了大量的数据，平台企业也建立了一个雇主和服务商的大数据库，在商家提出需求和条件后，平台按服务者的出资条件、资历、区域、业务努力以及交易记录等条件给予商家精准的推荐。

其次，猪八戒网在服务品类和交易模式方面，平台将原来的佣金抽取比例的 20%降低至 5%，以吸引大量的商家和服务商聚集于该平台，做大用户量和订单量，通过数据的积累驱动买家和卖家的成交。

最后，在 2015 年，猪八戒网建立起了"数据海洋+钻井平台"的新的商业模式，把佣金全部免掉，使交易规模增加几倍，然后获得海量的数据进行数据资源的挖掘分析和利用。猪八戒网从单一平台到开放共享平台，从高佣金到低佣金直至免佣金，从业务匹配难到高效精准的业务匹配，每一次改善都是不断创造出更加人性化的服务平台。就像 Uber 的商业模式也是从规则体系的设计来驱动业务的正常行进的。

业务拓展，初建生态

随着猪八戒网流量与资源的不断增多，平台也开始慢慢布局其他业务，拓展产业相关的业务。猪八戒网以核心业务为基础逐渐延伸到推广策划、印刷、出版、网络营销、网站（APP）的开放等业务。前面提到的诸多构建生态的企业都建立了自己的云有化平台，猪八戒网也不例外，建立起了基于作品存储和搜索的云平台，也就是建立起了自己的数据系统。信息化时代，对信息的收集整合与利用是这个时代互联网平台企业必须重视的内容，即平台以多业务布局方式，吸引各式各样的人群于平台，使平台有足够的流量，以积累数据，利用数据，驱动进化，可使平台正常"生长"与运行，为客户创造价值。在大数据平台成立不到 1 年的时间，猪八戒网旗下八戒知识产权的商标注册业务，因数据的利用使线上接单近 10 000 件，线下商标代理机构通过率在 40%以上，拥有 3000 万件的原创作品规模等。（流量同水，水是生态系统中的主要无机环境。）

布局产业，强化生态

猪八戒网在布局以上业务后，根据其强大的资本积累开始了投资与收购的布局模式。在知识产权方面投资思博网，成立八戒知识产权；在财税方面投资慧算账，并成立八戒财税；另外，又与上市企业浙江胜达集团、佛山彩印通三强联手成立八戒印刷。猪八戒网 CEO 朱跃明也表示，在"互联网+"的大战略背景下，其在 2016 年会加大投资与收购力度。

另外，猪八戒网也在 2016 年成立多个地区的线上、线下综合的超级孵化平台，致力于打造一个 O2O 众创空间，创建一只创投资金，投资当地的企业，以推动当地的产业企业更好的发展；建立起一个为企业全方位服务的服务生态。

朱跃明在领导企业家商业思潮中表示：猪八戒网未来的重心在开发具有增长魔力的"钻井平台"上，包括：知识产权商标、专利、版权等；猪八戒+印刷、工业、建筑、服装、农业；金融、基金、征信、小贷、金融产品；财税、代记账、退税；教育、创业培训、技能培训。其核心平台包括猪八戒网、天蓬网等。

猪八戒网同 BAT 一样采用多平台战略，打造猪八戒生态系统，为中国 7千万中小微企业提供服务，包含地区子公司、创投基金、创业孵化器、创新创业大学，集工作平台、教育平台、金融平台为一体的大型交易平台。

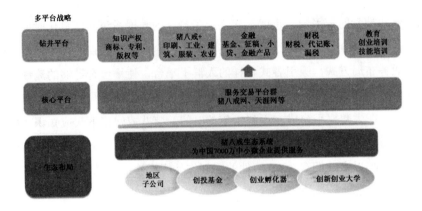

（图片来源：猪八戒网头条）

案例解说

在以平台为起点的商业生态的构架过程中，从单一服务做强到相关创业的服务拓展，再到大数据平台的建立以及与其他相关产业的布局，逐步拓展业务，做强生态。同时，企业在构建生态的过程中一定要重视用户，建立一套良好的规则体系，并且该规则一定要释放用户或其他目标群体压抑已久的痛点，或者有足够好的激励体系激励平台的业务流程正常高效的运转；最终打造一个以用户为始以用户为终的自驱动、自组织、自循环、可进化的商业生态系统，并在此过程中给予生态系统足够的无机环境（即数据、价值）多个相关业务与产品协同运营，驱动业务的增长和产业的升级，以使其长期稳定发展。

（案例资料来源：猪八戒网头条）

实践案例七：零售行业的生态战争（京东与阿里）

观察背景

近日零售行业又掀起了新的波浪，京东对外宣称与沃尔玛达成战略合作，持京东 5%的股份，收购沃尔玛的烫手山芋 1 号店（包括 1 号店的网站、APP、商城、品牌），沃尔玛将继续经营 1 号店的自营业务。据京东与沃尔玛官方合作协议表示：双方在业务供应链人才、技术和物流等方面展开深度合作，立足中国，放眼世界，共同打造全球领先的融合线上、线下的零售商业模式，为消费者提高更优质的服务！沃尔玛（中国）也将接入京东集团投资的中国最大的众包物流平台"达达"和 O2O 电商平台"京东到家"，通过线上、线下的融合，为用户提供 2 小时的超市生鲜到家服务。京东与沃尔玛进行了深度融合！

对于京东

京东以 3C 产品起家，是中国最大的自营式电商企业，以京东商城为中心，逐步扩展京东金融、京东智能、O2O 及京东海外市场，这是京东已构建的内部生态！

大生态里有小生态，大生态做相关产业的强融合，小生态做细小业务的全布局，这是生态企业构建生态的原则。

京东通过价格战先后在图书和家电等领域取得了不错的成绩，作为一个较为大型的商城，全品类运营则是基本的运营方式，因此京东商城在百货品类（该品类属高频刚需）上还急需布局，1 号店恰好在该方面做得比较好，与京东商城优势互补，这也是京东收购一号店的重要原因！

京东曾战略投资永辉超市，现又与沃尔玛达成战略合作，深度布局线下实体。具体来讲，沃尔玛在供应链管理方面有着绝对的竞争优势，京东在线上的流量方面（即前端）有着较大的优势；一个在前线布兵打仗，一个在后方补充供给，前线、后线相互配合来取得较大的市场份额。京东创始人刘强东先生非常善于商场上的竞争及防守，这与其多年形成的战斗力强基因有关！

据笔者判断，京东在未来会变得更加强大，其模式更符合生态模式，有线上有线下，企业如果只抓线上或抓线下，那一定是生命力不强的企业！小米为什么业绩会下降也是这个原因。

企业线下有据点，线上有"云点"，然后尽可能地使两者相互融合才是最佳的模式，京东近年来就是花费大量时间在做线上、线下融合！

试想自然界中任何一个植物，其皆为由地下和地上两部分组成，地下部分以汲取足够的养料，地上部分为接触阳光也在收取能量！任何一个生命力旺盛的植物，地下根扎得深、扎得稳，地上枝叶繁茂！

企业也一样，地下是指实体店，地上是指线上的互联网产品！企业发展融入自然，其竞争力必将无穷。

对于阿里

阿里与苏宁于 2015 年 8 月 10 日宣布达成战略合作，目前双方的合作已初见成效，双方通过融合已产生了生态化反，在物流体系和商品类别等方面已实现打通；在物流方面，苏宁的 1600 多家线下实体店和 5000 多家的售后服务据点与阿里巴巴的线上商品体系和线下物流体系实现了对接；在电商方面，苏宁的红孩子和其控股的 Laox 已入驻天猫……双方通过深度融合不断提升用户体验，包括商品的全类别服务、配送的高效率体系以及完善的售后服务体系等！

生态战争中必须是具有相关性企业的强强联合，如此才有更强大的力量去攻打市场，共同合作以取得市场份额，实现互助与共赢。

在双方所形成的零售生态中，双方一致打造开放的大数据平台、开放的用户资源、开放的物流仓储资源等，给合作伙伴也带来了良好的生态效益！

因此，这样会有源源不断的用户和合作伙伴加入该生态中来。商业生态中你若有足够的能力带给合作伙伴好处，合作伙伴才会长期在你所构建的生态中生根发芽，并且在生态中的强者更强，弱者更弱这个效应会体现得更加明显，因此你唯有不断强化自己长期形成的商业基因，才能在当今的生态战争中生存下去！

在 2016 年 6 月 1 日，阿里和苏宁在北京召开联合发布会，双方合作发布

"三体贯通"战略（三体指品牌商、零售商和消费者），在未来的 3 年，双方围绕激能"品牌商"、赋能"零售商"、服务"消费者"掀起新一轮的融合战略，为"三体"提供更优质的服务及创造更好的综合体验，推动中国制造的转型升级，强化现有的零售业格局……

阿里与苏宁所构建的生态联合体系已在市场中占有一定的零售市场份额。京东在 2015 年与永辉超市也达成了战略合作，两者通过采购的方式加强供应链方面的能力，并且两者主要是在 O2O 展开合作业务，但在合作效益来看，京东与永辉超市的合作（主要从永辉超市接入京东到家的数目上来看）效益不是太理想。因此，迫于阿里和苏宁的市场压力，京东也不得不采取措施与沃尔玛达成战略合作，以便自己在零售生态战争中能生存下去！

那么在生态战争中，作为后起之秀的京东，其能否在这场生态战争中达到与阿里、苏宁抗衡的力量吗？在生态战争中决定生态企业获胜的重要因素有哪些？笔者总结如下。

产业融合，做强生态

生态融合，相似互补者易融！

早在 2015 年 7 月 24 日，沃尔玛已全资收购 1 号店，本意是想通过并购 1 号店来巩固其在中国的电商发展，通过与 1 号店联合来扩展电商规模，进而降低成本！但经过一段时间的尝试，沃尔玛与 1 号店的文化价值和企业基因相差较大，融合甚为困难。1 号店属电商，其在年轻人群中有较大的市场优势，擅长推出年轻人群喜爱的爆款产品；沃尔玛的经营属于传统的经营思路，其目标人群大多为中老年群体，两者联合起来经营确实不易！

沃尔玛与 1 号店在管理理念及中外文化方面也有诸多不同，因此沃尔玛不得不将之"抛弃"，另寻新欢！京东与沃尔玛达成战略合作，以增强其在供应链和 O2O 领域的业务布局，并借助沃尔玛扩展其海外的市场！

京东创始人刘强东表示，京东与沃尔玛的经营理念一致，都是客户体验、成本和效率！这更加固了京东与沃尔玛的联合！在该次融合中，双方的共同目的是将 1 号店这个亲爱的合作伙伴佑护下去，因此在共同的目标下双方携手支持与助力 1 号店，不断加强 1 号店品牌的影响力和业务的增长度！

2015 年 8 月 7 日，京东以 43.1 亿元投资永辉超市，与其签订了战略合作框架协议。通过这一交易，京东将持有永辉超市10%的股份。2015 年底，永辉超市与京东O2O 业务正式对接！在 2016 年 4 月，京东到家与众包物流平台"达达"进行合并，合并后，京东集团将拥有新公司 47%的股份并成为单一最大股东。刘强东在内部透露："合并后的 O2O 平台会继续沿用'京东到家'的品牌，通过与线下商超、零售店和便利店等多种业态的深度合作，在超市生鲜领域持续深耕。"这是之前京东在业务互补方面与永辉超市和达达的融合！

另外，因为京东地处北京，在华北一带有较大的市场份额，1 号店地处上海，在华东地区有较大的市场份额，两者通过联合扩大其在全国的零售地位！

生态战争中拼的是体验，构建生态的目的也是为了增加流量，获得更好的用户体验！京东因为劣势在百货品类，而这恰好是 1 号店的优势，因此京东斥巨资以娶 1 号店！

我们皆知人多力量大，每个企业因为其资源的限制，不可能在某一行业中占有全部的市场份额，而且因为消费者需求的多样性，一个企业不可能满足某一行业人群所有的消费需求。企业要想提高用户体验必须进行相关企业上下游或某一行业的全品类的运营，实现这一点就必须进行企业与企业间的联合，构建生态、强化产业，以便吸引足够多的、各式各样的用户，共同达到一个美好的生态效应！因此，要达到用户及合作方优质的服务体验，需要产业链的融合或跨产业链的合作！

生态竞争驱动合作

在全球零售市场上，亚马逊与沃尔玛可谓是多年的敌友，如今沃尔玛与京东达成战略合作对亚马逊也是一个威胁。沃尔玛将山姆会员店开到京东平台，将沃尔玛中国的实体店与京东到家和达达物流深度融合，为沃尔玛门店和山姆会员店带来巨大流量。京东如此布局便可与阿里的零售业务达成抗衡之势！这是竞争驱动的合作，毕竟沃尔玛第一次想与京东合作，京东是拒绝的！

超强的市场反应能力以及整合能力

2015 年京东与永辉超市合作后，阿里看情况不妙，于 2015 年 8 月 10 日与苏宁达成战略合作后，双方从那个时间开始找援军、定联盟，以作斗争！无奈阿里与苏宁联合后的效果太惊人，京东与永辉超市的合作效果又不是太好，于是京东果断协同沃尔玛来进行这场战争！这样的协同需要领军人物有足够强的整合能力！

生态战争，流量为主

生态战争中流量就相当于古战场中的士兵，流量多者易取胜！

阿里巴巴的天猫本来有很好的流量优势，加之其合作伙伴选得较好，因此在生态融合过程中可以快速完成，并迅速进入攻打市场的状态！京东刚不久才选好了较为不错的"联姻对象"，后面还有很长的路要走，这对京东来说也是挑战！

领导者的征战能力

"将军"带兵打仗，需有能征善战、临危不乱、善勇善谋等基本能力，更需要有极强的人格魅力，以便可聚合多方人才，整合多方资源。卓越的领导者刘强东、马云、马化腾、张代理、贾跃亭等均有较强的征战能力！

刘强东在与苏宁的家电价格战和与当当的图书价格战中已充分展现了其有足够强的战斗力！

生态企业线下据点和线上"云点"的布局情况

企业的生态影响力关键看其线下据点与线上"云点"的排兵布阵情况。线下兵力要足而美，线上兵力要轻而多。具体来讲，线下兵力足而美是为了吸引线下喜欢逛街购物的中老年群体，实体店越多越能吸引不同区域的中老年消费者，美是为了消费者能来且又来，增加顾客体验；线上兵力轻而多是指企业在各大网站或 APP 或 SNS 广而传播，轻是为了易于传播。

最好是设计一个病毒的传播机制！每逢过节前夕，京东、唯品会、天猫等就开始在线上、线下做宣传，这一招着实有效。企业在线下据点与线上"云点"的排兵布阵过程中，哪方面实力较弱，完全可以与其他有实力的企业达成战略合作，这是生态企业中常见的策略！

在零售行业中，未露头角的还有唯品会和国美等企业，其目前处于未嫁未娶状态，京东如果还觉得与阿里抗衡的力量悬殊的话，可以考虑与唯品会或国美"联姻"！毕竟战争中人多是好事，但多了存在不好控制的问题！各有利弊，京东可根据所需来进行战略布局！

第6章

商业生态之随想 ➤

生态论

道之所有，道之所无，自然而已！

业之所大，业之所微，生态而已！

天际之广袤，自然之玄妙，生态之魅力，皆有奇幻而竞争无限！一部《道德经》因取之于自然之道而用于治国、从商、修身之道，传承至今！

数亿年人类进化史，只为适应自然，数千年商业演变史只为更好生活；科技进步、思想进步，创造无限可能！从手工时代到蒸汽时代再到工业时代直至现在的互联网时代，无一不改变着人类的生活状态与生活习惯，只是人改变人，协同进化而已！

最终因为协同，共促发展；因为不平衡，前进有动力；因为人性的虚荣与贪婪，文明担忧，不管是商业也好，生态也罢！

五千年的发展，战争与和平，兴盛与衰亡，进步与落后，无所不尽！

科学与技术在人类文明演化中扮演着重要角色，人类因科学而成为人类，技术因玄妙而成为技术，人类因技术而改变自己，因利用科学而逐渐进步！

古中国是四大文明古国之一，一直延承至今一定有它的原因！

中国根据其特有的国情现状和一系列偶然孕育出伟大的四大发明，传至欧洲，促进了欧洲的近代文明的形成！

美国因一系列的科学研究与武装侵略一度处于发达国家，中国因为闭关锁国与科技的落后，成为发展中国家！这是偶然也是必然！

偶然与必然是人性最深处的渴望，其实没有偶然与必然一说。

中国的互联网的到来可以说是马云与马化腾等互联网人的偶然引进，也可以说是中国商业文明发展的必然产物！

因为要发展、要沟通、要协作、要方便、要简单，于是互联网符合这些诉求，应运而生，迎合生活！这是中国乃至各国互联网产生的根本原因！

欧洲的文艺复兴就科学史而言，在于恢复了希腊自然哲学的面貌，在于对学者所研究出的自然哲学的接受与利用，这一时期罗盘、枪支、印刷术等的出现都是科学革命迎合时代背景下的产物。

因为科学与技术的逐渐进步，传统的科学范式和商业范式不再适应于现代，每一次技术的革命都将引起社会的改变。改变很容易也很难，关键在于你怎么看待改变。互联网的引进有的人可以很快接受并应用，而有的人怎么也无法适应，毕竟它改变了我们的生活太多太多。

或许可以自然而然。

说说互联网。

互联网从一开始就具有开放、自由、平等、合作和免费的特性。

在它上面人人平等、言论自由、连接性广，极大释放了人性，于是几乎每个人都喜欢。

互联网是一个没有中心的自由式开放组织，其发展强调共享与共赢，也可以鲜明地激活个性、放大个性，于是自媒体就火了。

因为互联网的强连接属性以及突破时间和地区的限制，于是互联网上的用户就被推到了上帝的位置，享受着上帝的待遇。

互联网生态就是在互联网基础设施日渐成熟以及互联网思维的应用上诞生的。

自然生态由土地、阳光、水等无机环境和各类有机环境构成，因为水、阳光和食物而连接了各物种，构成了食物链。多物种参与，跨物种竞争，于是形成了食物网。

在极具自然属性的互联网生态，因为自然规律的应用而在互联网商业竞争中成为独秀，竞争力大大提高。例如，阿里巴巴 2016 财年 30 000 亿元人民币的交易额。

这是自然的力量，也是生态的力量。

从古到今，人类就是在探索自然规律而不断发明与创造，这是科学得以进步的一个很重要的因素。

人类发现规律的能力与探知本质现象的能力在互联网世界中变得愈加重要。

万物归于一，一归于道。

自然现象中奇异现象百出，人类从对自然的无知到对自然的敬畏而惊慌失措。

如今的雾霾就是自然对人类的回馈，经济增长，生活见好，健康不佳，一切徒劳。

自然有道，商业亦应有道。

商之道，在互联网生态中被重构，是规则的重构，也是模式的重构。

互联网生态，因开放而生态，开放是为了更多人参与；因跨界而生态，跨界是为了不同领域的思维发生融合与化反。传统商业大多是封闭模式，因为竞争压力或开放的条件不成熟，于是悄然而止。

乐视说无生态不化反，无内容不硬件，生态与化反与内容息息相关。

生态中无道即有道，林林总总；各行各业随遇而入，细分不是生态，多式多样，包罗万象才是生态；看似胡为，实则有道。

自然生态，因风吹雨淋，草长目生，长年累月经久而成，人为干扰较少。

商业生态，是有能力者的大规模整合，必须是人为而成的。

生态范围可大可小，大生态可有多个小生态，小生态也可成长为大生态。

未来，企业的成败在于自我是否在某个领域足够强，是否存在于别人的生态中，一个也好，多个也罢。

大企业可以大胆地构建自己的生态。

生态的构建，在于资源是否足够，组织是否云有化，价值是否多元化等。

商业生态，取之于自然。有鸟语花香，有风吹雨下，也有地震山摇，因为是自然。

商业生态，开放是好，因为都喜欢；共享也好，因为促进生态。但毕竟是人，共享的有几？除了空气、雾霾、水。因此要看企业领导者的情怀与意识。

数据是商业生态的核心，同于水，可渗透，可吸收。数据取之于生态，而用之于生态，可循环。

自然生态，万年沉积，彼此相互制约，相互依存，协同进化，追求平衡的生态。

商业生态呢？

只需有强大的资源，跨界整合，"疯狂"布局，收购也好，投资也罢，只要有钱，短短几年就好。

基于互联网的生态构建才能快速构建生态，一般是虚拟生态；在没有互联网时很难实现，毕竟其要将庞大的各类商业业务集于平台。

商业只有生态化才能产生生态效应。

生态化并不简单，首先要有生态化的基因，而后集各方资源野蛮生长，要不断横向、纵向扩展……每个环节都不易实现，实现了就成了商业帝国，因此BAT、乐视、小米等大企业不断竞争人才和资源。

归于自然论生态。

自然之道就是天之道。生态之道源于自然，心法自然。

天人合一，人也得回归自然，企业管理经营也要回归自然，这是道。

回归自然，不是旅旅游、看看景，而是观察自然现象，融入自然。

无数个体的生长、习性是自然规律的来源，随时而变，随心而动。

因此，人与自然是一体的。企业与商业生态体也是一体的，要共赢。

商业生态需破除以往的商业体系，回归自然，融入自然，给商业的发展一点灵感。

自然的本性是自由的，生态也是自然的；所以物顺自然是好。

商业生态归于自然，归于道；故成就伟业。

自然界中大小生态不计其数，草原中有，海洋中有，沙漠中也有……

商界中，生态的数量也会发展到千万乃至更多；最后企业变成生态与生态之间的竞争。然而我国商业生态的构建才刚刚开始。未来的发展空间太大太大。

贾跃亭言：乐视生态用未来定义未来。预计未来是多么渺茫的一件事；道即为未来，企业的发展融入自然，那么现在就是未来。

所以企业的战略定制、组织模式和文化体系等归于自然是好。

强化基因，利用生态间物种间的关系，构建种群、群落，最好是生态系统，这是企业发展的最佳战略。

生态企业未来要内容、要流量，于是开始各种免费、各种补贴，有用但不经济、不生态。生态型企业的准确做法是开放平台，设置一个可释放用户本性的机制，如自媒体的诞生或海尔众创生态的形成。

在平台开放的基础上，给平台一些养料，引来各个物种，然后设置一个正常的运转机制，所有平台中的企业自成长、自更新，这就是生态，如 Uber。

BAT 的生态有内部生态和外部生态，其构建方法是：你可以想象一棵大树的样子，核心业务是树的主干，各个细枝是由核心业务引出的相关业务；由主干引流（引地下的水、矿质元素等），各个分枝吸引阳光，补充能量，因此可以茁壮成长。

生态竞争论

一个人斗不过两个人，两个人斗不过一群人，一群人斗不过一个核武器。（此处的人体能力相差不大。）

核武器威力巨大，乃世界破坏之王，因为其原料取之于自然，自然的威力是无穷的。核武器的制造一方面也是为了保持其在世界中有足够的竞争优势。

核武器由人而制而用于人，是另一维度的竞争，容易获胜。

同一维度的竞争，争的是智与勇。

不同维度的竞争，争的是跨空间和时间的想象力与执行力；当然跨维度的竞争依托于科学与技术的发展程度。

竞争是为了更好地生活，有时候也是为了生存。

在自然界中，争来争去才能生存，不争就得死，因为食物有限。

古往今来，因为野心而争，因为争而发动战争；结果你死我亡，你胜我负，这是争的结果。

谁胜谁负关键在于道、技、术的运用。

道源于自然，生态也源于自然。

生态中有生也有灭。

传统商业的竞争多是单一要素的竞争，是渠道、技术、组织或其他。

现代以及之后的商业是内部资源与外部合作能力的综合性竞争，是生态的竞争。

传统的竞争思维一定敌不过现代商业的竞争。

商业生态竞争，不仅一维竞争要素要强，多维竞争要素也要强。

生态竞争在于生态的战略布局，因此你要有所重点，当然重点之外的其他领域也不能忽视，别人有的你也要有，别人没有的你也要努力去占领。

对于优酷土豆这一视频资源的抢占，阿里巴巴投资了，百度追投了，小米也与之进行了战略合作。这一块肥肉谁都不肯放过，这就是生态竞争的一种表现。

所以在生态竞争方面，小企业要想加入强生态就必须强化自己；自己变强了，根本不愁嫁。

生态竞争是你胜我负，也是协同共生。

生态是资源互补的强强联合，因为这样的生态最强大，生态中的各个物种资源共享，互促各产业的发展。

不同物种的相互沟通与联合，使得新业态、新思维、新物种、新模式得以诞生。竞争使这种联合更为紧密，只是为了处于不败之地。

生态协同，协众物之力以取天下。

生态是各种关系下的有效连接，由链条变成网，网罗天下。

这就是生态的魅力，有力量、有广度、有竞争力。

竞争是不想灭绝或死亡。

但是，生态本是无边界的，物种丰富，相互制约，自生自灭，有强有弱。

无边界的生活是快乐的生活，否则会被限制太多，本能的创新就少很多，人性使然。

相互制约，这是生态的一大特征，不会疯狂增长，也不会轻易灭绝；生灭随命，自然而已。

商业生态中，喜欢变强的企业加入生态，毕竟力量会更强；就像一个团队要想无所不胜，必须个个都是强者，最好是多个领域的强者。

商业生态的建立，是为了统领强者，瓜分更多的利益，获取更多的收益，因为这是商业。

免费补贴是互联网中的一种竞争方式，因为用户是喜欢这些的，会倾向于你，但长久来说是不生态的。

免费只是诱饵，为了聚人。

毕竟互联网上没有人就无法互连。

免费是利他，是为了取悦。

利他是玩互联网的前提，也是战胜的前提。

生态在企业的竞争根本上是数据多样性与丰富度的竞争，因此你看到BAT、乐视、京东等企业不断进行投资与收购。

在多样性与丰富度强的状况下，生态系统中的能量供给就充足；因为数据如同水，但远比水的效应大。生态化反、协同共生都要依于生态。

不过生态中，长久的竞争看中的是情怀与格局，不是利益。

利益是短期的竞争驱动。

情怀与格局源于心，是理性的。

性源于生，生源于心，心由个人意识和外界环境驱动。

仁爱、宽厚、博大、公正、平等等一系列美的情怀是自然的情怀，自然的情怀是包容的，因为这些情怀更多的人愿意追随。

于是竞争力就是无穷的。

竞争是利他的表现。

物种之间的竞争是驱动其不断进化、不断变强的有利因素。所以我与你的激烈竞争是为了让你更好地生存，有人与你竞争，你应该感激。

生态之所以为生态就是生态中的各个企业可自我进化、自行组织，不断进化的企业方可长久生存。多个物种的进化推动生态系统的进化，生态系统的进化又推动相关物种的进化，所以无能力构建生态者最好的策略是加入一个或多个生态。

竞争是商业生态系统进化的原动力。

生态源于道，道之所在，生态所在。

基于情怀的竞争，不争即是争；

争与不争是心境。

心若争，天下皆为敌；

心若不争，无人与之争；

自然不争，而无能与之争；

是格局，是情怀。

生态中物种间的竞争是为了生存，因为自然资源有限；商业生态中企业的竞争一方面是为了生存，但更多的是为了获取更多的利益。商业生态中整个系统获取的利益越多，个体所拥有的利益也就更多，因为是共生体。

生态中个体越多竞争力也就越大，如果相互之间进行协同竞争，其力量更大；于是商业生态的构建便成了每个企业梦寐以求的事。

生态，包罗万象；不争即为争。

于是，马云向贾跃亭提问："换做你是 BAT，你该怎么做？"贾跃亭答："突破上个时代的企业封锁，只需做一件事情，判断下个时代到底是什么，站在更高的维度制定战略，通过自身的努力走一条完全不同的道路，去引领下个时代。"这表面上是不争，其实是更高维度的竞争。

DT 时代，供过于求，于是开始构建生态将各个行业的利益相关者的业务信息整合在生态中，将各个行业的数据进行相融与分析，于是潜在的欲望就被挖掘出来。数据直击欲望，不想胜都不行。

生态，竞争力无限。

生态协同论

竞争与协作是自然界普遍存在的，有竞争就会有协作。

协同胜于协作；

协同是生态中的现象。

雁协同南飞，蚁协同运食，狼协同进攻……

仔细观察可产生敬畏之心，极胜于人；

这是自然现象，也是生态现象。

自然宇宙玄妙无穷，人类受益于自然无限。

人类从无知到超越，一直都是取于自然，协同也是。

协同以共赢为基础，协同的结果是共进。

生态的协同从某种程度来看也是共生，共生就是抱团取暖，互利互助。

利他者利己；

否则我凭什么利他，除非有情感的驱使。

生态共生才是本；

共生是另一种维度的竞争。

竞争是利己的行为；

如此竞争与协同则是一致的。

个体只有在共生体中才能保持彼此的存在。

原来这就是，道归于一，一归于自然。

自然之玄，玄之又玄。

生态取于自然，构建生态成功者就是王者；毕竟谁都无法与之搏，因为搏生态就是搏自然。

在自然生态中，搏与合是常态，在商业生态中也是如此。

搏的最高境界是不搏，我免费给你，结果我胜了。

免费一向是强者的伎俩，很任性，但合乎人性，于是胜了。

合从某种程度上说是搏不动了，2015 年大量的合并案例就是这个原因。

那么合之后呢？

合之后是文明。

协同共进是文明，因为减少了不必要的浪费与厮杀。

在自然生态中，因为协同所以进化。在商业生态中也是如此。进化是为了在当前的环境中生存，企业转型也是一样；所以协同变得非常重要，成为企业生存与发展的关键要素。

共创、共享、共赢成为新商业的业态，传统的商业多数是以企业为中心的单一化的价值创造与传递，在生态环境中难以存活。

移动生态时代，市场瞬息万变，合作协同成为适应市场的关键。

商业生态中因为协同而突破了企业的创新边界与资源边界，促使各个主体的信息、资金、技术以及人才的流动能够最大限度地发挥作用，产生 1+1>2 的效益，这是共聚共享。

共聚是好，但要共担。

当生态中任一主体发生威胁，协力互助才能持久共生。

商业生态中资源与信息可以互流互通，整个生态体中一方有什么利或不利的信息可以相互通告，共做准备，及时调整，长久发展。

因此需要组织协同。

组织协同是创新主体之间的流程协同，使创新主体与创新资源实现有效整合，以应对多变的市场环境。具体来说，就是供应链的上下游供应商以及客户之间的关系的重新定义。

协同的规模取决于双方的力量，协同的速度取决于企业对市场的响应度与感知度。

市场是无形的，无形的市场需要协同去适应。

世间一人之力不可为者，皆协同而力大无比；所以企业需要价值创造协同化。

资源的重复利用是协同，组织的有效升级与融合是协同；协同之力，化反为主。化反在于跨界，在于相融。

化反的能量更大，于是"一"就逐渐显现。

不分裂，不独立，就是生态协同。

生态协同就是生态文明，协同共生而减少竞争与不必要的资源消耗对于商业来说就是商业文明；但不能缺少竞争，因为竞争可促进进化，进化使物种长久生存。

多元主体协同发展是商业生态企业发展的常态，协同发展的速度快、成功率高、价值创造能力大，可给用户带来全新的生态体验。

商业协同的前提是聚合，种群、群落、生态系统皆因聚合而产生效益。聚合各方资源，协同为用户创造价值。所以生态型企业最好构建一个属于自己的资源云。

共同承担风险使协同创造价值有了保障，降低了各个主体的风险承担能力；价值的分享使"物种"愿意加入你的生态齐力发展。

协同化反在于相融，相融除了数据相融外更多的是"物种"间的相融，即思想间的相融；所以商业生态构建者需善于利用社群进行发展。

以协同之力而补全企业发展遇到的瓶颈，以协同之力而扩大资源，构建生态成为这个时代企业发展的必备能力。

以协同谋创新，以创新谋发展；协同发展，企业长存。

协同共进，共创文明。协同之力以驱进化，单体因群体而进化，群体也因单体的强大而强大，互推互助，是协同。

生态协同，是文明。

协同后的价值大于局部之和，价值的直接创造与协同后的间接创造是基于价值点的价值群落努力的结果。

生态化反论

阴阳相融而生道；

道生万物。

万物因化反而有生机，因化反而有能量。

独来独往永远只是一个，一个的生活单而弱，因为缺少协作。

滴水易干，融海而长生；一沙无所为，群沙而挡河，这是融，是同物种的融；因为融而增大力量，展现个体价值。

商业生态中同行业的融是智慧与资源相融，可促进产业的扩大，也是企业价值的提升方式之一；不同行业的融，融后的效应更大，可发生一定的化学反应并产生新的物质，催生新的业态，展现新的价值，因此跨界显得异常重要。

单一产品打天下的时代已经结束，产业与竞争的边界愈加模糊，合纵连横的时代已经到来，在行业间彼此关联度越来越高的环境下，使跨界化反成为可能。

生态化反不是不同行业相关业务的简单相加，而是思维、是碰撞，产业的相融、组织的协同、业务的相合、利益的共享，这才是生态化反。

生态化反是彼此业务的高度关联，以求资源的最大化利用和成本的最小化优势。它是立体的，因为参与者不仅是两个业务或两个行业。

商业生态中无生态不化反，有生态才化反；从这一点来说，BAT 等企业在化反方面还需要加大力度。

要想达到生态化反，企业的组织架构必须生态化，因此必须呈网络结构。

生态化反，更多的是人才的化反，准确来说是不同领域的多类型顶尖人才之间的化反，这样产生的效应更强、更大。

具有强基因和强化反的分别具有阴阳属性的两个主体相互融合，完全可能产生强裂爆，炸开市场。

所谓的阴是需求准、产品美、人文价值注入恰当，吸引力更强；阳是市场选得准、进入得快、战术攻打策略多、持久性好。

同一行业多维度、多环节的化反拓展了新的需求和新的市场；不同行业具有关联属性的市场、渠道、技术或内容等所发生的化反更容易生效，不同行业间化反的收获比同行业的更大。

BAT 等企业倾尽全力进行内外部生态布局，布局后的内部之间的化反、外部之间的化反以及内外部之间的化反所产生的效应难以想象。

乐视因为跨界化反而一跃成为"妖股"，竟升到中国的互联网公司前列。

生态的价值在于化反，化反的本质是多种类型数据间的反应。

生态化反的关键在于组织的协同和数据的流动与相融；因此企业需要有一个"云"平台，该平台就相当于一个"反应池"，不同领域，不同行业的具有关联性（甚至是无关联性）的物种所产生的数据相融而增生新的物种。

一阴一阳谓之道，阴阳相融而生万物。企业因为生态的化反而不断增生新的思想和业务，这也是企业多业务形成的原因，也是万物生生不息的原因。

自然界的化反是两个或多个不同物质在一定条件下而发生的化反；商业生态中的化反也是如此，企业进行多领域布局的原因大概就是这个原因。

在原有价值链的基础上创造价值，就需要通过化反增生价值；因为化反需求得到裂变，裂变的需求产生裂变的价值。

强物种的化反所增生的新物种生命力更强、更容易存活，因为基因好，当然"出生"环境也要好。

自然界同一种群间的物种"相融"才能产生新物种，但在商业生态中鼓励相关性不大，甚至无关系的物种间进行"相融"化反，因为这样可以产生更多、更有吸引力的"新物种"。

人类在生活中总是追求有趣、有创意、娱乐性强、体验感好的产品或服务，这种产品和服务在跨界化反时更容易产生。因此，生态型企业鼓励跨界化反。

资源汇集，随应而取；这是生态带给企业和创客的便捷条件，目的是易于化反。

相通相融就是生态化反。新经济、新业态、新科技的产生有赖于生态化反；双创（创新、创业）经济的发展也有赖于生态化反，乐视在生态化反上处于国内领先水平，但有待挖掘的还有太多。

自然之道即商之道，商之道取于阴阳，阴阳相融才是化反。

后记

信息技术呈指数增长，云计算、大数据成为基础设施，以平台为主的商业生态悄然而至；互联网跨界创新不断涌现，大众创业一热再热，协同共生成为主流……

下一个商业时代已经来临。

网络经济用户为主，以用户为中心的商业生态是互联网 3.0 时代的新型商业形式，在这里开放协同成为常态，跨界整合成为常态，共享共生成为常态；在平台经济中，共享经济和生态经济相辅相成，协调发展；商业生态的正反馈推动经济的增长。DT 助力各企业合作共生，组织创新是生态型企业亟待解决的问题。

商业生态是多企业的有机结合，单个企业不成生态；商业生态在未来可能是人类经济发展的最大推动力，在科学技术、思想观念以及政治体制不断创新的内外因素共同作用下，商业生态经济将成为未来的主流经济。

所以共生、共赢、共创成为当今时代的企业生存法则，以共生、共赢、共创而形成的商业生态在这个时代以及未来会大量兴起。企业之间的竞争形态也上升到了生态之间的竞争。企业与供应商、合作伙伴、员工、消费者等相关方之间的协同、生态共享成为企业发展的关键要素。生态中各个主体彼此协同、信息共享、互助共生而形成价值网络体系的生态圈，增强了企业的竞争力和生存能力。

将生态学的规律利用到商业上来指导商业的发展，以促进商业的不断进化。人工智能、智慧城市、虚拟现实……这些新技术、新理念对商业生态的演变起重要作用，演变是正常的，因为生态是动态有机的，在共享经济的驱使下，未来个人实际拥有的东西越来越少，基于网络关系与生态关系下的个人将被重新定义。商业生态下的企业或个人也提倡分享。

2016 年 3 月 21 日，阿里巴巴集团 2016 财年电商交易额突破 3 万亿元人民币，而达到这个规模阿里巴巴只用了 13 年的时间，走了沃尔玛 50 多年走过的道路才能达到的规模。2016 年 3 月 15 日，乐视体育融资规模及估值等信息首度曝光，此次 B 轮融资规模达到 70 亿元，融资完成后，乐视体育估值达 205 亿元，这仅是乐视体育小生态的力量。

阿里巴巴的成果意味着"云网端（新基础设施）+数据（新生产要素）+数据产业及各个产业数据化（新支柱产业）+C2B（新商业模式）+云端制（新组织模式）+新环境+新文化"的网络生态体系的成功。本书也着重从互联网的新基础设施、新产业、新商业模式、新组织模式等方面来说明商业生态的成立条件和构建方法以及战略布局等，帮助企业更好、更快、更高效、更稳定的发展。根据本书提到的商业生态构建方法，笔者总结如下。

（1）以乐视为代表的具有强跨界整合能力而进行的 7 大产业的布局，包括打造强互联网生态基因，塑造开放共享的企业文化，进行不同领域的融合化反和业务扩展以及自身的不断强化。

（2）以阿里巴巴为代表的以垂直领域做强后而凭借其强大的资本能力不断进行各个领域的投资收购来布局商业生态。

（3）以海尔为代表的企业资源云的不断强化，汇集大量创客，让创客进行以平台为依托的创新创业，去拓展各个领域，然后在平台上进行融合而成的商业生态。

（4）一般企业的"造点、连线、绘面、成体、聚态"五步法构建生态。

　　在"中国制造 2025"作为未来"工业 4.0"规划的主要战略，C2C 商业生态的构建是核心；不同行业、不同领域的商业生态构建是企业家们主要关心的问题，也是中国新经济发展的主要驱动因素。本书由浅入深，从对商业的简单理解到生态学中的商业的深入解读，以及从基因角度对创业、商业模式、转型做了分析；更为重要的是，笔者从大量的商业案例分析与研究总结出了 4 种商业生态的构建方法。希望本书对于企业商业生态的构建以及企业的经营有一定的指导和启发作用。当然，本书中难免有诸多问题，望读者多加批评并指证，笔者定会努力完善，笔者的微信为 1078870036。

　　在本书的编写过程中，受到了学术界、商界人士以及很多人的大力帮助才得以完稿，在此要特别感谢红领集团副总裁李金柱先生、商业畅销书作家王吉斌先生、青年作家兼小狗当家创办人刘一寒先生、作家伏泓霖先生、韩都衣舍刘洋女士、海尔吴丹女士和谢翰先生、猪八戒网代绍宣先生、藤舟慧庠先生、和君咨询合伙人赵大伟先生、知名自媒体人陈菜根先生、商业模式兼人力资源专家穆胜博士、中国社会科学院谭国清博士、"强基因"创办人吴霁虹教授、清华大学商业模式专家朱武祥教授、知名天使投资人柳汉峰先生、阿里巴巴国际事业部总经理魏强先生以及好友胡有睿、杨永谊、贺青、赵晨、刘哲、苏东杰、许誉滕、吴彦、张玮等诸多在背后默默支持我、鼓励我的朋友。感谢你们！

附录

表1 2015年新锐公司名录（来源：IT桔子）

公司名称	所属行业	地点	最新融资轮次	最新融资时间	最新融资金额	最新估值（亿美元）
蚂蚁金服	金融	浙江	战投	2015年9月	22.5亿美元	450
小米科技	硬件	北京	E轮	2015年4月	数亿美元	413
陆金所	金融	上海	A轮	2014年12月	10亿美元	180
美团点评集团	本地生活	北京	D轮	2015年12月	20亿美元	170
滴滴出行	汽车交通	北京	E轮	2015年8月	30亿美元	151
众安保险	金融	上海	A轮	2015年6月	9.34亿美元	82
Uber中国	汽车交通	上海	B轮	2015年10月	近10亿美元	75
大疆科技	硬件	广东	C轮	2015年5月	7500万美元	73
魅族	硬件	广东	A轮	2015年2月	6.5亿美元	55
饿了么	本地生活	上海	F轮	2015年12月	12.5亿美元	45
神州专车	汽车交通	北京	B轮	2015年9月	5.5亿美元	35.5
易商	电子商务	上海	B轮	2014年5月	6.5亿美元	32.5
今日头条	文化娱乐体育	北京	C轮	2014年6月	1亿美元	28
爱奇艺	文化娱乐体育	北京	B轮	2014年11月	3亿美元	28
乐视移动	硬件	北京	A轮	2015年11月	5.3亿美元	26
美丽说	电子商务	北京	E轮	2014年3月	数亿美元	25
同程旅游	旅游	江苏	E轮	2015年7月	近10亿美元	20
蘑菇街	电子商务	浙江	D轮	2015年11月	2亿美元	20
美图秀秀	移动互联网	福建	C轮	2014年6月	数千万美元	20
Face++旷视科技	企业服务	北京	B轮	2015年5月	2500万美元	18
拉卡拉	金融	北京	战投	2015年6月	2.5亿美元	16
猪八戒网	企业服务	重庆	C轮	2015年6月	4.3亿美元	15
58到家	本地生活	北京	A轮	2015年1月	3亿美元	15
宝宝树	电子商务	北京	C轮	2015年7月	3亿美元	14
挂号网	医疗健康	浙江	E轮	2015年11月	3亿美元	13
好大夫在线	医疗健康	北京	C轮	2015年6月	6000万美元	13
口袋购物	电子商务	北京	C轮	2014年1月	3.5亿美元	12
微票儿	文化娱乐体育	北京	C轮	2015年11月	2.5亿美元	12
途家网	房产服务	北京	D轮	2015年8月	3亿美元	12
芒果TV	文化娱乐体育	湖南	A轮	2015年6月	8000万美元	11
优信二手车	汽车交通	北京	C轮	2015年3月	1.7亿美元	11
沪江网	教育	上海	D轮	2015年1月	1.6亿美元	10.4
五洲会海购	电子商务	广东	B轮	2015年12月	2.6亿美元	10

续表

公司名称	所属行业	地点	最新融资轮次	最新融资时间	最新融资金额	最新估值（亿美元）
趣分期	金融	北京	D轮	2015年8月	2.5亿美元	10
房多多	房产服务	广东	C轮	2015年9月	2.23亿美元	10
我买网	电子商务	北京	C轮	2015年1月	2.2亿美元	10
点融网	金融	上海	C轮	2015年8月	2.07亿美元	10
土巴兔装修网	房产服务	广东	C轮	2015年3月	2亿美元	10
魔方公寓	房产服务	上海	B轮	2015年5月	2亿美元	10
盘石网盟	广告营销	浙江	B轮	2015年5月	2亿美元	10
车猫二手车	汽车交通	浙江	B轮	2015年9月	2亿美元	10
秒拍	文化娱乐体育	北京	D轮	2015年11月	2亿美元	10
VIPABC	教育	北京	C轮	2015年11月	2亿美元	10
融360	金融	北京	D轮	2015年1月	1.7亿美元	10
齐家风	电子商务	上海	D轮	2015年2月	1.6亿美元	10
爱屋吉屋	房产服务	上海	E轮	2015年11月	1.5亿美元	10
蜜芽宝贝	电子商务	北京	D轮	2015年9月	1.5亿美元	10
首汽租车	汽车交通	北京	A轮	2015年1月	1.2亿美元	10
车易拍	汽车交通	北京	D轮	2015年2月	1.1亿美元	10
返利网	电子商务	上海	C轮	2015年4月	1亿美元	10
APUS	移动互联网	北京	B轮	2015年1月	1亿美元	10
辣妈帮	电子商务	广东	C轮	2015年3月	1亿美元	10
贝贝网	电子商务	浙江	C轮	2015年1月	1亿美元	10
达达配送	电子商务	上海	C轮	2015年6月	1亿美元	10
找钢网	电子商务	上海	D轮	2015年1月	1亿美元	10
洋码头	电子商务	上海	B轮	2015年1月	1亿美元	10
唱吧	文化娱乐体育	北京	D轮	2015年8月	7500万美元	10
WiFi万能钥匙	移动互联网	上海	A轮	2015年5月	5200万美元	10
有利网	金融	北京	C轮	2015年7月	4600万美元	10
信而富	金融	上海	C轮	2015年7月	3500万美元	10

表2 已获投公司阵亡名单（来源：IT桔子）

公司名称	成立日期	地址	领域名称	最新融资轮次	关闭时间
品品美食	2013年1月	北京西城区	本地生活	A轮	2014年1月
时尚猫	2013年7月	北京朝阳区	本地生活	种子天使	2015年1月
放心美	2013年7月	北京海淀区	本地生活	种子天使	2014年年中
扑扑网	2011年12月	陕西西安	本地生活	收购	2012年11月

续表

公司名称	成立日期	地址	领域名称	最新融资轮次	关闭时间
移淘商城	2010 年 3 月	广东广州	电子商务	B 轮	2015 年 7 月
亿佰购物	2007 年 12 月	北京朝阳区	电子商务	B 轮	2015 年 7 月
NOP 吾诺普科技	2011 年 4 月	北京朝阳区	电子商务	A 轮	2014 年 8 月
阿姨厨房	2013 年 6 月	上海浦东新区	电子商务	A 轮	2015 年年初
俏物悄语	2008 年 12 月	上海静安区	电子商务	B 轮	2014 年 3 月
太美鞋业	2009 年 1 月	广东东莞	电子商务	B 轮	2012 年 11 月
天品网	2012 年 8 月	上海徐汇区	电子商务	收购	2014 年 7 月
久久相悦	2012 年 6 月	北京海淀区	工具软件	收购	2014 年 4 月
推图	2011 年 1 月	北京海淀区	工具软件	收购	2012 年 6 月
购物助手	2011 年 2 月	北京海淀区	工具软件	收购	2011 年 9 月
街库网	2011 年 9 月	广东广州	广告营销	B 轮	2014 年 6 月
声盟	2012 年 2 月	北京海淀区	广告营销	收购	2013 年 12 月
老师来了	2014 年 7 月	浙江杭州	教育	A 轮	2015 年 9 月后
那好网	2014 年 6 月	北京海淀区	教育	种子天使	2014 年 9 月
时差网	2011 年 8 月	北京海淀区	教育	收购	2014 年 1 月
途客圈	2011 年 4 月	北京海淀区	旅游	收购	2014 年 4 月
驿站网	2013 年 1 月	北京朝阳区	旅游	收购	2013 年 11 月
云诺	2011 年 11 月	上海徐汇区	企业服务	A 轮	2014 年 3 月
酷盘 Kanbox	2010 年 6 月	北京朝阳区	企业服务	收购	2013 年 9 月
摇摇招车	2011 年 11 月	北京朝阳区	汽车交通	A 轮	2014 年年中
爱拼车	2013 年 10 月	浙江杭州	汽车交通	A 轮	2015 年 6 月
油通网络	2014 年 3 月	北京海淀区	汽车交通	种子天使	2015 年 12 月
cocar 共享租车	2014 年 9 月	上海长宁区	汽车交通	种子天使	2015 年 7 月
我爱洗车	2014 年 12 月	北京海淀区	汽车交通	种子天使	2015 年 11 月
大黄蜂打车	2013 年 3 月	上海普陀区	汽车交通	收购	2013 年 11 月
考拉班车	2015 年 3 月	北京海淀区	汽车交通	收购	2015 年 9 月后
无觅网	2010 年 2 月	广东深圳	文化娱乐体育	A 轮	2014 年 7 月
深圳快播科技	2006 年 9 月	广东深圳	文化娱乐体育	A 轮	2014 年 11 月
由推网	2011 年 12 月	北京海淀区	文化娱乐体育	A 轮	2014 年 1 月
大旗网	2004 年 11 月	北京朝阳区	文化娱乐体育	B 轮	2015 年 7 月
加速度	2012 年 11 月	北京海淀区	文化娱乐体育	种子天使	2014 年 8 月
今晚看啥	2011 年 6 月	北京海淀区	文化娱乐体育	收购	2012 年 11 月
Song Taste	2006 年 5 月	北京朝阳区	文化娱乐体育	收购	2010 年 12 月
瓦力网络	2009 年 5 月	北京海淀区	移动互联网	收购	2014 年 1 月

表3 2015年阿里巴巴投资/收购盘点（来源：IT桔子）

	时间	公司	领域	融资金额	轮次	其他投资方
国内投资	2015年12月	博纳影业	泛文娱	8600万美元	战略投资	
	2015年12月	饿了么	O2O	12.5亿美元	D轮-上市前	
	2015年12月	邮政储蓄银行	金融	451亿美元	战略投资	摩根大通、淡马锡、腾讯
	2015年11月	五矿电商	电子商务	5.9亿元	战略投资	中国五矿
	2015年11月	北京云纵信息	O2O	数千万元	B轮	
	2015年11月	天津金融资产交易所	金融	N/A	战略投资	
	2015年11月	杭州安恒信息	企业服务/技术	上亿元	D轮-上市前	
	2015年10月	58到家	O2O	3亿美元	A轮	58同城
	2015年10月	36氪	金融	上亿元	D轮-上市前	
	2015年9月	接我云班车	汽车交通	千万元	Pre-A轮	
	2015年9月	点我吧	O2O	上亿元	C轮	
	2015年9月	MySIMAX	教育	20万美元	天使投资	
	2015年9月	卡行天下	电子商务	上亿元	C轮	普洛斯、钟鼎创投
	2015年9月	阿卡Artka	电子商务	数千万元	B轮	
	2015年9月	上海庆科	硬件	数千万元	B轮	
	2015年8月	苏宁云商	电子商务	283亿元	战略投资	
	2015年8月	微鲸科技	硬件	20亿元	A轮	腾讯、华人文化基金
	2015年8月	华谊兄弟	泛文娱	36亿元	战略投资	平安、腾讯、金石投资
	2015年8月	生活半径	O2O	3亿元	C轮	
	2015年8月	趣分期	金融	2亿美元	D轮	昆仑万维、蓝驰、源码资本
	2015年8月	数梦工场	企业服务/技术	1亿元	A轮	银杏谷
	2015年8月	千寻位置	企业服务/技术	数千万元	战略投资	中国兵器工业集团
	2015年7月	滴滴出行	汽车交通	30亿美元	D轮-上市前	中投、平安、腾讯、淡马锡等
	2015年7月	魅力惠	电子商务	1亿美元	C轮	
	2015年7月	泛亚信通	企业服务/技术	3000万元	战略投资	

续表

	时间	公司	领域	融资金额	轮次	其他投资方
国内投资	2015 年 7 月	丸子地球	旅游	数千万美元	B 轮	
	2015 年 6 月	车来了	汽车交通	1500 万美元	B 轮	宽带资本
	2015 年 6 月	第一财经	泛文娱	2 亿美元	战略投资	
	2015 年 6 月	雅座	O2O	上亿元	C 轮	
	2015 年 6 月	向上影业	泛文娱	数千万元	A 轮	华谊、时尚传媒、点睛基金等
	2015 年 6 月	壹平台	泛文娱	数千万元	B 轮	
	2015 年 5 月	圆通快递	电子商务	上亿元	战略投资	云锋基金
	2015 年 4 月	丽人丽妆	电子商务	1 亿美元	B 轮	凯欣亚洲、麦顿投资、汉理资本等
	2015 年 4 月	爱抢购	电子商务	数千万元	B 轮	
	2015 年 3 月	光线传媒	泛文娱	24 亿元	战略投资	
	2015 年 2 月	魅族	硬件	6.5 亿美元	战略投资	海通开元
	2015 年 2 月	新片场	泛文娱	数千万元	B 轮	红杉、湖畔山南
	2015 年 1 月	快的打车	汽车交通	6 亿美元	D 轮	老虎基金、软银
	2015 年 1 月	游友移动	O2O	数千万元	B 轮	湖畔山南
	2015 年 1 月	体育疯	泛文娱	数千万元	A 轮	
	2015 年 1 月	百世物流	电子商务	5.5 亿美元	D 轮-上市前	
	2015 年 1 月	网金社	金融	N/A	战略投资	恒生电子
国内收购	2015 年 11 月	优酷土豆	泛文娱	46.7 亿美元	收购	
	2015 年 11 月	德邦证券	金融	上亿元	收购	
	2015 年 9 月	国泰产险	金融	上亿元	收购	
	2015 年 8 月	365 翻译	教育	数千万元	收购	
	2015 年 6 月	翰海源信息	企业服务/技术	N/A	收购	
	2015 年 4 月	数米基金	金融	1.99 亿元	收购	
	2015 年 4 月	奥科软件	泛文娱	8.3 亿元	收购	
	2015 年 1 月	易传媒	泛文娱	N/A	收购	
	2015 年 12 月	ThetaRay	企业服务/技术	1500 万美元	C 轮	General Electric 等
	2015 年 12 月	南华早报	泛文娱	2.66 亿美元	收购	
	2015 年 11 月	Nestpick	房产服务	1100 万美元	A 轮	
	2015 年 9 月	Paytm	金融	上亿元	B 轮	

	时间	公司	领域	融资金额	轮次	其他投资方
国内 收购	2015 年 8 月	Snapdeal	电子商务	5 亿美元	战略投资	软银、鸿海集团
	2015 年 7 月	新加坡邮政	电子商务	1.38 亿美元	战略投资	
	2015 年 7 月	冠庭国际物流	电子商务	6785 万美元	战略投资	
国外	2015 年 7 月	Quya	泛文娱	1000 万美元	战略投资	
	2015 年 6 月	SBRH	硬件	千万美元	战略投资	富士康
	2015 年 5 月	Zulily	电子商务	5600 万美元	战略投资	
	2015 年 5 月	Lyft	汽车交易	1.5 亿美元	D 轮-上市前	腾讯、滴滴
	2015 年 5 月	Snapchat	泛文娱	2 亿美元	D 轮-上市前	
	2015 年 2 月	Quixey	企业服务/技术	6000 万美元	D 轮-上市前	
	2015 年 2 月	Jet.com	电子商务	1400 万美元	战略投资	
	2015 年 1 月	Visualead	企业服务/技术	500 万美元	B 轮	
65 家公司，合计金额：超过 183 亿美元						

表 4 2015 年腾讯投资/收购名录（来源：IT 桔子）

	时间	公司	领域	融资金额	轮次	其他投资方
国内 投资	2015 年 1 月	赞那度	旅游	8000 万元	A+轮	
	2015 年 1 月	MemBlaze	硬件	数千万美元	C 轮	高通、通用技术创设
	2015 年 1 月	邮政储蓄银行	金融	451 亿元	战略投资	摩根大通、淡马锡、阿里巴巴
	2015 年 1 月	晶泰科技	医疗健康	数千万元	A 轮	人人公司
	2015 年 1 月	微盟	广告营销	5 亿元	C 轮	海航资本
	2015 年 1 月	微影时代	泛文娱	15 亿元	C 轮	文资华夏影视基金、信业基金、纪源资本、南方资本、诺亚歌斐、新希望等
	2015 年 1 月	每日优鲜	电子商务	2 亿元	B 轮	浙商创投、元璟资本
	2015 年 1 月	微医 （挂号网）	医疗健康	3 亿美元	D 轮-上市前	高瓴资本、复星医药、高盛集团、国开开元、上海联新资本
	2015 年 1 月	回收宝	电子商务	数千万元	A 轮	源码资本
	2015 年 1 月	斗鱼 TV	泛文娱	数千万元	B 轮	红杉资本
	2015 年 10 月	寰创通信	企业技术/技术	6200 万元	新三板	掌门科技

续表

	时间	公司	领域	融资金额	轮次	其他投资方
国内投资	2015 年 10 月	天锋网络	游戏	数千万元	A 轮	
	2015 年 10 月	宽途汽车	汽车交通	数千万元	B 轮	易车
	2015 年 10 月	金苗网	教育	1000 万元	A 轮	
	2015 年 9 月	原力动画	泛文娱	上亿元	B 轮	东方富海
	2015 年 9 月	医联 Medlinker	医疗健康	4000 万美元	B 轮	云锋基金
	2015 年 9 月	天天拍车	汽车交通	数千万美元	B 轮	易车网、海纳亚洲、德同资本、方广资本
	2015 年 9 月	知乎	SNS 社交	5500 万美元	C 轮	搜狗、赛富、启明、创新工场
	2015 年 9 月	双面白领	SNS 社交	数百万元	种子天使	
	2015 年 9 月	Hi 交友	SNS 社交	1000 万元	Pre-A 轮	
	2015 年 9 月	成都余香	游戏	数千万元	A 轮	
	2015 年 8 月	人人车	汽车交通	8500 万美元	C 轮	顺为、联创策源
	2015 年 8 月	富途证券	金融	6000 万美元	B 轮	红杉、经纬
	2015 年 8 月	微鲸科技	硬件	20 亿元	A 轮	华人文化基金、阿里巴巴
	2015 年 8 月	华谊兄弟	泛文娱	36 亿元	战略投资	平安、阿里、金石投资
	2015 年 8 月	物流 QQ 货车帮	电子商务	上亿元	A+轮	钟鼎创投、高瓴资本、DCM
	2015 年 8 月	悦动圈	泛文娱	5000 万元	A 轮	松禾资本、永宣创投
	2015 年 8 月	饿了么	O2O	6.3 亿美元	D 轮-上市前	中心产业基金、华联股份等
	2015 年 8 月	南极圈	SNS 社交	1000 万元	种子天使	国金天使
	2015 年 8 月	大象册	泛文娱	千万元	A 轮	太冠资本
	2015 年 8 月	妙手医生	医疗健康	数千万元	A 轮	红杉资本
	2015 年 8 月	朋友印象	SNS 社交	数千万元	Pre-A 轮	软银中国
	2015 年 8 月	修车易	汽车交通	数千万元	A 轮	
	2015 年 8 月	第一反应急救	医疗健康	数千万元	A 轮	鱼跃医疗
	2015 年 7 月	滴滴出行	汽车交通	30 亿美元	D 轮-上市前	中投、平安、阿里、淡马锡等
	2015 年 7 月	买卖宝	电子商务	N/A	D 轮-上市前	京东
	2015 年 7 月	同程旅游	旅游	60 亿元	D 轮-上市前	万达、中信资本

	时间	公司	领域	融资金额	轮次	其他投资方
国内投资	2015 年 7 月	美克国际	电子商务	39.6 亿港元	战略投资	华人文化产业基金
	2015 年 7 月	e 家洁	O2O	上亿元	C 轮	天风证券、鼎晖、盛景等
	2015 年 7 月	赢了网	企业服务/技术	数千万元	A 轮	德同资本
	2015 年 7 月	Magic Wifi	O2O	数千万元	B 轮	天鹰资本
	2015 年 7 月	和谐富腾	汽车交通	上亿元	A 轮	鸿海集团
	2015 年 7 月	互爱科技	游戏	上亿元	C 轮	金石投资
	2015 年 7 月	耀客传媒	泛文娱	数千万元	B 轮	
	2015 年 7 月	喜马拉雅	泛文娱	数千万元	C 轮	
	2015 年 7 月	Zealer	泛文娱	数千万元	B 轮	
	2015 年 6 月	美家帮	O2O	千万元	A+轮	
	2015 年 6 月	疯狂老师	教育	2000 万美元	B 轮	
	2015 年 6 月	蔚来汽车	汽车交通	上亿元	A 轮	高瓴资本、京东、汽车之家、易车网、顺为资本等
	2015 年 6 月	悠先点菜	O2O	数千万美元	B 轮	纪源资本
	2015 年 6 月	被窝音乐	泛文娱	数千万元	B 轮	广发信德
	2015 年 6 月	赛亚人网络	游戏	N/A	A 轮	
	2015 年 6 月	华夏乐游	游戏	N/A	A 轮	
	2015 年 5 月	欢网科技	泛文娱	5000 万元	C 轮	
	2015 年 5 月	汇通天下	电子商务	3000 万元	C 轮	钟鼎创投
	2015 年 5 月	手游彩	泛文娱	数千万元	A 轮	
	2015 年 4 月	大众点评	O2O	8.5 亿美元	D 轮-上市前	新加坡政府投资、淡马锡、复星、万达、小米等
	2015 年 4 月	宝宝助手	泛文娱	数百万元	种子天使	
	2015 年 3 月	刚泰控股	电子商务	33 亿元	战略投资	
	2015 年 3 月	柠萌影业	泛文娱	1 亿元	A 轮	
	2015 年 3 月	元宝铺	金融	数千万元	B 轮	高榕资本
	2015 年 2 月	最美花开	电子商务	百万美元	种子天使	
	2015 年 2 月	车生活	汽车交通	百万美元	Pre-A 轮	东方弘道
	2015 年 2 月	华益天信	游戏	数千万元	A 轮	
	2015 年 1 月	城觅网	O2O	1200 万元	A 轮	

续表

	时间	公司	领域	融资金额	轮次	其他投资方
国内投资	2015 年 1 月	零号线	O2O	3000 万美元	B 轮	红杉、戈壁
	2015 年 1 月	易题库	教育	千万元	A 轮	
	2015 年 1 月	易车商城	汽车交通	15 亿美元	战略投资	京东
	2015 年 1 月	饿了么	O2O	3.5 亿美元	D 轮-上市前	中信、京东、点评、红杉
	2015 年 1 月	卓健科技	医疗健康	1.5 亿元	B 轮	挚信资本
国外投资	2015 年 1 月	Riot Games	游戏	N/A	收购	
	2015 年 1 月	Circle Medical	医疗健康	290 万美元	种子天使	Real Ventures、Kima Ventures
	2015 年 10 月	Artillery	游戏	N/A	A 轮	First Round Capital、Lowercase Capital 等
	2015 年 9 月	CliniCloud	医疗健康	500 万美元	A 轮	平安创投
	2015 年 8 月	Practo	医疗健康	9000 万美元	C 轮	DST Global、Google 等
	2015 年 8 月	sensewhere	企业服务/技术	数百万美元	A 轮	
	2015 年 8 月	Kik	SNS 社交	8000 万美元	D 轮	
	2015 年 8 月	Vurb	企业服务/技术	1000 万美元	B 轮	
	2015 年 7 月	AltspaceVR	泛文娱	1030 万美元	A 轮	Comcast Ventures
	2015 年 7 月	HomeHero	O2O	2000 万美元	A 轮	The Social+Capital
	2015 年 6 月	Tute Genomics	医疗健康	390 万美元	A+轮	
	2015 年 5 月	Lyft	汽车交通	1.5 亿美元	D 轮-上市前	阿里巴巴、滴滴
	2015 年 5 月	Tissue Analytics	医疗健康	75 万美元	种子天使	
	2015 年 5 月	VC Mobile	游戏	450 万美元	A 轮	
	2015 年 5 月	Pocket Gems	游戏	6000 万美元	B 轮	红杉海外
	2015 年 5 月	CloudMedx	医疗健康	630 万美元	种子天使	YC、FundersClub 等
	2015 年 4 月	Scanadu	医疗健康	3500 万美元	B 轮	复星昆仲、宽带资本等
	2015 年 4 月	Skymind	企业服务/技术	数百万美元	种子天使	
	2015 年 4 月	Glu Mobile	游戏	1.26 亿美元	收购	
	2015 年 3 月	Cyanogen	企业服务/技术	7000 万美元	C 轮	高通、Benchmark Capital 等

	时间	公司	领域	融资金额	轮次	其他投资方
国外投资	2015 年 3 月	Satellogic	硬件	N/A	A 轮	Valor Capital
	2015 年 2 月	M4JAM	企业服务/技术	数百万美元	A 轮	
	2015 年 2 月	Robot Entertainment	游戏	数百万美元	A 轮	
	2015 年 2 月	SketchMe	SNS 社交	150 万美元	种子天使	
	2015 年 2 月	Miniclip SA	游戏	N/A	收购	
95 家公司，合计金额：超过 55 亿美元						

表5　2015 年百度投资/收购名录（来源：IT 桔子）

	时间	公司	领域	融资金额	轮次	其他投资方
国内投资	2015 年 1 月	宜人贷	金融	1000 万美元	战略投资	
	2015 年 1 月	兴容通信	企业服务/技术	数千万元	B 轮	
	2015 年 10 月	优步中国	汽车交通	数亿美元	战略投资	海航
	2015 年 10 月	我买网	电子商务	2.2 亿美元	C 轮	
	2015 年 10 月	波罗蜜全球购	电子商务	3000 万美元	B 轮	LB 投资、分享投资、成为资本
	2015 年 10 月	美味不用等	O2O	5 亿元	C 轮	点评、中信、天图、经纬等
	2015 年 9 月	蜜芽宝贝	电子商务	1.5 亿美元	D 轮	红杉资本、H Capital
	2015 年 9 月	趣医院	医疗健康	4000 万美元	B 轮	软银中国、弘晖资本
	2015 年 7 月	e 袋法	O2O	1 亿美元	B 轮	经纬、海纳亚洲
	2015 年 6 月	华视互联	企业服务/技术	7000 万元	A 轮	中科招商
	2015 年 6 月	16wifi	企业服务/技术	1 亿元	A 轮	
	2015 年 6 月	oTMS.cn 百川快线	电子商务	1000 万美元	A+轮	成为资本、经纬
	2015 年 6 月	星美控股	泛文娱	4.5 亿港元	战略投资	厚朴基金
	2015 年 6 月	百姓网	O2O	2 亿元	E 轮	
	2015 年 4 月	天天用车	汽车交通	数千万美元	B 轮	红杉资本
	2015 年 4 月	客如云	O2O	6600 万元	C 轮	天星、景林、凯兴资本
	2015 年 3 月	优信二手车	汽车交通	1.7 亿美元	C 轮	Coatue Management
	2015 年 3 月	51 用车	汽车交通	数千万美元	C 轮	红杉资本

续表

	时间	公司	领域	融资金额	轮次	其他投资方
国内投资	2015 年 3 月	爱贝云计算	金融	数百万美元	A 轮	北极光
	2015 年 2 月	健康之路	医疗健康	数千万美元	A 轮	
国内收购	2015 年 4 月	安全宝	企业服务/技术	N/A	收购	
国外	2015 年 9 月	CloudFlare	企业服务/技术	1.1 亿美元	D 轮	Google、微软、高通
	2015 年 6 月	Taboola	泛文娱	300 万美元	E 轮	
	2015 年 6 月	Popln	广告营销	N/A	收购	
	2015 年 4 月	Tonara	泛文娱	500 万美元	B 轮	Carmel Ventures
25 家公司，合计金额：超过 12 亿美元						

表6　2015 年京东投资/收购盘点（来源：IT 桔子）

时间	公司	行业	融资金额	轮次	其他投资方
2015 年 12 月	Kisslink 吻路由	硬件	数千万人民币	A 轮	猎豹移动
2015 年 12 月	来客 iPOS 收银系统	本地生活	数千万人民币	A 轮	
2015 年 12 月	雷神游戏本（雷神科技）	硬件	数千万人民币	B 轮	
2015 年 11 月	唐音无限	文化娱乐体育	数千万人民币	A 轮	沙丘资本
2015 年 11 月	好狗狗	本地生活	数千万人民币	A 轮	安芙兰
2015 年 11 月	沙米	电子商务	1000 万人民币	Pre-A 轮	
2015 年 11 月	HaFaLa 汉娃乐园	教育	1000 万元人民币	A 轮	易一天使基金
2015 年 11 月	聚合数据平台	企业服务	2.18 亿元人民币	B 轮	中国文化产业基金、太浩创投、自然人邱坚强、华勇
2015 年 11 月	乐驾科技-车萝卜 CarRobot	汽车交通	数千万人民币	A 轮	
2015 年 10 月	车悦宝	汽车交通	数千万人民币	A 轮	景图投资
2015 年 10 月	智趣生活爱助家	本地生活	数百万人民币	种子天使	
2015 年 10 月	南京快轮智能科技	硬件	1000 万元人民币	A 轮	
2015 年 10 月	趣睡科技（8H 床垫）	硬件	数千万人民币	A 轮	顺为基金
2015 年 9 月	i 烘焙-九十度生活	本地生活	数百万人民币	种子天使	洪泰基金
2015 年 9 月	酷鸟旅行	旅游	数千万人民币	A 轮	

时间	公司	行业	融资金额	轮次	其他投资方
2015 年 8 月	饿了么	本地生活	6.3 亿美元	F 轮-PrelPO	中信产业基金、华联股份、华人文化产业基金、歌斐资产、腾讯、红杉资本
2015 年 8 月	金融一号店（金融 1 号店）	金融	5100 万元人民币	C 轮	宜华木业
2015 年 8 月	上药云健康	医疗健康	11.12 亿元人民币	A 轮	IDG
2015 年 8 月	永辉超市	本地生活	43.1 亿元人民币	IPO 上市及以后	
2015 年 8 月	爱收回网	电子商务	6000 万美元	C 轮	天图资本、景林资本、晨兴资本、IFC
2015 年 7 月	Sleepace 舒派-迈迪加科技	医疗健康	4406 万元人民币	B 轮	罗莱家纺
2015 年 7 月	下厨房	本地生活	3000 万美元	B 轮	华创资本、挚信资本、联创策源
2015 年 7 月	买卖宝	电子商务	未透漏	D 轮	腾讯
2015 年 6 月	友好速搭	电子商务	600 万元人民币	种子天使	浙商创投
2015 年 6 月	星推网络	广告营销	数千万人民币	A 轮	
2015 年 6 月	拇指阅读	文化娱乐体育	未透漏	并购100%	
2015 年 6 月	蔚来汽车	汽车交通	亿元及以上人民币	A 轮	高瓴资本、腾讯、汽车之家、易车网、顺为资本
2015 年 6 月	第一摩码教育看孩子	教育	数百万人民币	种子天使	
2015 年 6 月	HWtrek-Hardware Trek	硬件	400 万美元	A 轮	WI Harper、联想之星、ITIC、Global Brain
2015 年 6 月	谛听科技	企业服务	数千万美元	A 轮	联想
2015 年 5 月	天天果园	电子商务	7000 万美元	C 轮	SIG、锴明资本
2015 年 5 月	金蝶软件	企业服务	1.71 亿美元	战略投资	
2015 年 5 月	Jide 北京技德科技	硬件	未透漏	A 轮	挚信资本、富士康
2015 年 5 月	途牛旅游网	旅游	5 亿美元	IPO 上市及以后	弘毅资本、DCM、携程、淡马锡、红杉资本
2015 年 4 月	夹克的虾-夹克厨房	本地生活	600 万元人民币	种子天使	戈壁投资、中民智赢
2015 年 4 月	LesPark 拉拉公园	SNS 社交网络	620 万元人民币	A 轮	
2015 年 4 月	言几又	文化娱乐体育	2603 万元人民币	A 轮	星瀚资本
2015 年 4 月	3W 咖啡	企业服务	数千万人民币	A 轮	东方弘道和清华控股
2015 年 4 月	微头条	文化娱乐体育	500 万元人民币	Pre-A 轮	

续表

时间	公司	行业	融资金额	轮次	其他投资方
2015 年 3 月	请出价达喀电商	电子商务	1000 万元人民币	A 轮	乐搏资本
2015 年 3 月	分期乐	金融	未透漏	C 轮	
2015 年 2 月	穿衣助手	本地生活	1000 万美元	B 轮	祥峰投资
2015 年 1 月	易鑫资本（易鑫车贷）	汽车交通	4 亿美元	A 轮	易车、腾讯
2015 年 1 月	饿了么	本地生活	3.5 亿美元	E 轮	中信产业基金、腾讯、大众点评、红杉资本
2015 年 1 月	易车商城	汽车交通	15 亿美元	IPO 上市及以后	腾讯

参考文献

[1] 李振基，陈小麟，郑海雷. 生态学（第三版）. 北京：科学出版社，2007.

[2] 司春林. 商业模式创新. 北京：清华大学出版社，2013.

[3] 唐建荣. 生态经济学. 北京：化学工业出版社，2005.

[4] 穆胜. 叠加体验：用互联网思维设计商业模式. 北京：机械工业出版社，2014.

[5] 穆胜. 人力资源管理新逻辑. 北京：新华出版社，2015.

[6] 许芳，李建华. 企业生态位原理及模型研究. 中国软科学，2005，5.

[7] [美]M. 雷，A.伦斯勒编. 范明哲，迟梦筠译. 商业新范式. 成都：西南财经大学出版社，2004.

反侵权盗版声明

电子工业出版社依法对本作品享有专有出版权。任何未经权利人书面许可，复制、销售或通过信息网络传播本作品的行为；歪曲、篡改、剽窃本作品的行为，均违反《中华人民共和国著作权法》，其行为人应承担相应的民事责任和行政责任，构成犯罪的，将被依法追究刑事责任。

为了维护市场秩序，保护权利人的合法权益，我社将依法查处和打击侵权盗版的单位和个人。欢迎社会各界人士积极举报侵权盗版行为，本社将奖励举报有功人员，并保证举报人的信息不被泄露。

举报电话：（010）88254396；（010）88258888

传　　真：（010）88254397

E-mail：　dbqq@phei.com.cn

通信地址：北京市万寿路 173 信箱
　　　　　电子工业出版社总编办公室

邮　　编：100036